Karin Müller

NORDLICHT

Die Magie der wilden Pferde

SCHNEIDERBUCH

Bisher bei Schneiderbuch erschienen:

Nordlicht – Im Land der wilden Pferde (Band 1)
Nordlicht – Im Bann der wilden Pferde (Band 2)
Nordlicht – Die Magie der wilden Pferde (Band 3)

3. Auflage 2022

Umschlaggestaltung: Designomicon | Anke Koopmann, München
Umschlagmotiv: © Anke Koopmann unter Verwendung
von Motiven von shutterstock
Vignetten-Symbol: © Anne Mathiasz/shutterstock
Satz: PPP Pre Print Partner GmbH & Co. KG, Köln, www.ppp.eu
Printed in Germany · ISBN 978-3-505-14231-4

www.schneiderbuch.de
Facebook: facebook.de/schneiderbuch
Instagram: @schneiderbuchverlag

Klimaneutral
Druckprodukt
ClimatePartner.com/15109-2009-1001

MIX
Papier
FSC FSC® C014496

Inhalt

Für meine wunderbare Tochter,
hier und da,
ganz und gar!

Und für Andreas,
drüben in der Anderswelt

Prolog

Die Dunkelheit ist wieder da.

Ein Mantel aus klammem Schwarz umhüllt mich.

Kalt und feucht.

Ich friere.

Mein ganzer Körper schmerzt.

Ich bin zurück in diesem Traum.

Gefangen in dieser Höhle.

Wann hört das auf? Was muss ich tun?

Ich bin aus einem Grund hier. Ich darf nicht aufgeben. Sonst ist alles verloren.

Ich versuche, mich zu erinnern.

Kári. Die Pferde. Das Mädchen. Die alte Frau.

Wo sind sie?

Ich öffne die Augen.

Zitternd fingere ich nach einem Streichholz in der Tasche meines Parkas.

Es zischt, als ich es anzünde.

Im Schwefelfunkenschein setze ich mich auf.

Hier ist niemand außer mir.

Stille.

Wie kann das sein?

Wo sind die froschköniggrünen Augen?

Wo ist der wässrig blaue, schildkrötengreise Blick?

Ich gehe ein paar Schritte. Taste mich vorsichtig über schroffe Felsen und erkaltete Lava.

Mein Streichholz erlischt. Ich zünde ein neues an.

Mein vorletztes.

»Kári?« Die Wände werfen mein Echo zurück.

Ich bin allein.

Vor mir tut sich ein Abgrund auf.

In der Tiefe schiebt sich träge ein Lavastrom voran.

Wärme und Schwefel steigen zu mir auf.

In meinem Kopf hallt die Stimme der fremden alten Frau nach. »Es hat angefangen, Elin Weltenwanderin, Weltenwandlerin. Ihr habt eine Aufgabe. Stellt euch der Zukunft. Du, Elin, geh weiter. Folge deiner Bestimmung, folge den Schicksalsfäden, die die Nornen für euch weben. Kämpfe.«

Ich warte auf den Strudel, der mich mit sich fortreißt. Dass der wässrige Blick beginnt, sich um mich zu weben, zu drehen und zu wirbeln. Aber nichts passiert.

Nur ich bin hier.

Gefangen.

Auf mich gestellt.

Allein.

Meine Schritte sind unnatürlich laut. Genau wie mein Atem.

Das Licht erlischt.

Weit unten glimmt und schimmert rotgolden die Lava.

Heiß.

Lockend.

Tödlich.

Hier oben herrscht Schwärze.

Ich stehe im Dunkeln.

Fröstelnd.

Ich habe Angst, mich in unsichtbaren Schicksalsfäden zu verheddern.

Alles zu verlieren.

Ich schlucke.

Ich nehme mein letztes Streichholz, zünde damit die leere Schachtel an und werfe sie voraus.

Es gibt kein Zurück.

Ich muss über diesen Abgrund.

Da lauert etwas in der Tiefe. Ein rot glühendes Lachen will nach meiner Seele greifen.

Mit schweißnassen Fingern fasse ich nach meinem Anhänger.

Nach meinem Nordlicht.

Das geheimnisvolle Licht in seinem Inneren schimmert milchig grün.

Pulsierend. Fordernd. Mahnend.

Ich springe.

1. Kommen und Gehen

Wir stehen am Flughafen von Keflavík. Erster Stock, Abflugebene, vor den Sicherheitskontrollen. Den Ankunftsbereich finde ich wesentlich schöner. Wer will denn freiwillig zurück nach Deutschland oder sonst wohin?

Amy und ich liegen uns weinend in den Armen. Ich kann schon gar nichts mehr sehen durch den Tränenschleier. Meine Stirnhöhlen brummen, der ganze Kopf dröhnt, und mein Kragen ist total nass geheult.

»Ich will hier nicht weg«, schluchzt meine Freundin.

»Aber Thorben wartet doch«, schniefe ich. »Und Mara und Anne und Malin.«

»Ich möchte in Island bleiben!«, wiederholt Amy.

Wir weinen eine neue Runde. Um uns herum schieben sich andere Fluggäste vorbei, überholen, drängeln, meckern.

Aber das ist mir egal.

Mom legt mir behutsam den Arm auf die Schulter, und Nele zieht gleichzeitig sanft an Amys Rucksack. »Auseinander, ihr beiden. Wir müssen jetzt wirklich los. Das Boarding hat schon begonnen.«

»Ich will nicht. Das ist so ungerecht!« Widerstrebend löse ich mich von Amy und drücke ihr einen Kuss auf die Wange. »Grüß mir die anderen«, bitte ich leise und wische mit dem Ärmel über meine verquollenen Augen.

Nele und Amy gehen langsam durch die Abfertigung in den Sicherheitsbereich und verteilen Handgepäck, Jacken und die Beutel mit Zahnpasta, Deo und Cremetuben in die Plastikschalen auf dem Rollband des Röntgengerätes.

Ein letzter Blick, wir winken, dann sind sie hinter den Kontrollen verschwunden.

Mom seufzt und sieht mich an. »Na, kranke Maus? Wärst du lieber mitgeflogen?«

Ich putze mir geräuschvoll die Nase und versuche ein Lächeln. »Auf keinen Fall. Du?« Mein Kopf schmerzt immer noch, und mir ist übel. Aber das würde ich niemals zugeben. Es war schwer genug, Mom zu überreden, mich zumindest für den Abschied von Amy und Nele aus dem Bett zu lassen.

Mom zwinkert mir zu, und Arm in Arm fahren wir die Rolltreppe hinunter. »Na, dann mal schnell ab zurück ins Bett, du gehirnerschütterte Fohlenretterin.«

»Was tut man nicht alles für seine Mutter und die Liebe?«, scherze ich. Immerhin hat uns mein kleiner Unfall ein amtliches Flugverbot vom Arzt eingebracht – und das fanden wir beide gar nicht sooo schlecht. Glück im Unglück quasi. Okay, ich geb's zu: Ich hätte den Doc knutschen können!

Mindestens drei Wochen mehr Island, Kári, Ljósadís und Ljóri – es gibt absolut Schlimmeres!

Leider darf ich erst mal nicht reiten oder fernsehen. Mom hat sogar mein Handy konfisziert und mir die Kissen geklaut – alles schlecht für meinen durchgeschüttelten Schädel und echt megadoof. Das habe ich ein bisschen unterschätzt. Aber wir haben Islandverlängerung, und der Rest wird sich finden.

Gunnar wartet schon auf dem Parkplatz. Als er uns sieht, lässt der bärtige Hüne die Zeitung sinken, setzt sich in den Wagen und startet den Motor.

»Willkommen zurück«, begrüßt er uns, als wir einsteigen, und Mom kriegt ein Küsschen. Dabei waren wir gerade mal eine halbe Stunde weg.

Hmm. Auch wenn es ja quasi meine Idee war, meine Mutter mit einem Einheimischen zu verkuppeln, muss ich mich doch noch ein bisschen an den Gedanken gewöhnen, dass Mom sich tatsächlich den Chef der Pferdefarm gekrallt hat. Kaum wird man mal kurz in einer Eishöhle bewusstlos, passieren um einen herum die unglaublichsten Dinge! Hammer!

Und meine frisch verliebte Mutter ist nur die Spitze des Eisbergs.

Ich beginne gerade zaghaft, den sonderbaren Umstand zu akzeptieren, dass mein Freund Kári nicht einfach ein etwas altmodischer isländischer Pferdejunge ist, sondern zum sogenannten Unsichtbaren Volk gehört. Aber außer Mom und Erla weiß das niemand. Und das kann auch erst mal so bleiben. Die denken ja sonst alle, dass ich total durchgeknallt bin oder mir bei dem Versuch, das Fohlen zu retten, einen bleibenden Schaden zugezogen habe.

Kári und ich haben uns kennengelernt, als Mom und ich das erste Mal hierher nach Island gekommen sind. In der ganzen Zeit bis zu unserer Rückkehr haben wir Kontakt gehalten. Aber nicht über Insta und WhatsApp, sondern über meine Träume – und über den Anhänger mit dem geheimnisvoll schimmernden Nordlicht, den er mir zum Abschied geschenkt hatte.

Über Wochen hinweg haben Kári und ich jede Nacht im Traum so viel Schönes zusammen mit den Pferden erlebt. Er hat mir so viel von Island gezeigt, dass ich es kaum abwarten konnte, zurückzukommen und ihn und natürlich Ljósadís wiederzusehen. Und als es dann endlich vor drei Wochen so weit war, da war er weg. Wir sind in Keflavík gelandet, Mom, Amy, ihre Mutter Nele und ich – und Kári war wie vom Erdboden verschluckt.

Ab da stand meine kleine Welt dann nur noch kopf, und die Ereignisse haben sich überschlagen. Natürlich habe ich Kári gesucht. Auf Tour im Hochland hatte unsere kleine Reitergruppe lauter verrückte Erlebnisse und seltsame Begegnungen, und die Hälfte davon würde mir sowieso keiner glauben, nicht mal meine beste Freundin Amy, obwohl sie fast immer in der Nähe war.

Am Ende hat jedenfalls Ljósadís Kári gefunden, noch vor mir. In einer Höhle im Hochland war das, in der Káris Familie ihn und den kleinen Ljóri versteckt hatte. Vor wem genau, weiß offenbar niemand. Aber die Drohung nehmen alle ernst. Dann ist die Höhle über uns zusammengestürzt, und Kári hat mir das Leben gerettet. Ich glaube, das war schon das dritte Mal. Anscheinend hat er ein Abo darauf, mich irgendwo herauszuziehen: aus Schnee, Flüssen, Höhlen ... Trotzdem hätte ich nichts dagegen, wenn alles mal wieder ein bisschen normaler würde.

Mit Ljóri, dem Fohlen von Ljósadís, meiner geliebten Nordlichterfee, ist das nämlich auch so ein merkwürdiges Ding. Alle haben geglaubt, Ljóri wäre vor einem halben Jahr in den Bergen abgestürzt und ums Leben gekommen. Aber in Wirklichkeit hat Kári den hübschen kleinen Hengst mit der Lockenmähne in Sicherheit gebracht und gesund gepflegt.

Beide Islandpferde sind unter einem seltenen vielfarbigen Nordlicht geboren worden. Das macht sie zu etwas ganz Besonderem. Und leider sind sie dadurch auch in großer Gefahr. Wir alle schweben in großer Gefahr. Das sagt zumindest Kári. Ich habe es immer noch nicht genau verstanden, aber anscheinend hänge ich mit drin und bin ebenfalls bedroht, genau wie er. Irgendwelche Verrückten sind für den Einsturz der Höhle verantwortlich. Sie wollen uns Angst einjagen, weil sie nicht wollen, dass wir ein Paar sind. Sie haben uns verflucht. Das allein ist so schräg und abgefahren, aber wohl nur die Spitze des Eisbergs. Den Rest muss ich noch herausfinden.

Uahhh ... Gunnar beschleunigt. Wir sind auf der Landstraße nach Reykjavík unterwegs, und mir wird jetzt doch wieder ganz schön flau im Magen. Der Automotor brummt nur unwesentlich lauter als mein Kopf.

Ich mache die Augen zu und fingere nach meinen Ingwerpastillen. Ohne die wäre ich im Moment ganz schön aufgeschmissen. Und ohne die Spezialhonigbonbons von Erla. Aber die teile ich mir gut ein. Wer weiß, ob und wann ich Nachschub bekommen kann.

Ich frage mich nur, wie ich in diesem Zustand die Welt retten soll – oder zumindest aufpassen, dass Ljóri und Ljósadís nicht von irgendwelchen Spinnern geklaut werden.

Mein Kopf vibriert mit der Fensterscheibe des Pick-ups um die Wette. Es ist spät. Der Himmel ist wolkenverhangen, und doch ist es draußen noch taghell. Ich sehne mich nach meinem Bett.

Gunnar hat Mom und mich innerhalb des Hotels umquartiert. Wir haben ein kleines Appartement in einem ruhigen Nebentrakt bekommen, mit toller Veranda und ganz in der Nähe der Weiden und Stallungen. Es hat ein Miniwohnzimmer, Bad, Küchenzeile und zwei Fernseher. Einer steht im Schlafzimmer. Aber Mom ist unerbittlich. Bis der Doc grünes Licht gibt, darf ich nicht mal ein Buch lesen, und mein Smartphone versteckt sie jeden Tag irgendwo anders.

Also träume ich mich davon.

Zu Kári.

Allmählich habe ich richtig Übung darin, meine Träume zu steuern, die Orte zu wählen, an denen wir uns finden können.

Vor den Autofenstern zieht die Küstenlinie an uns vorbei. Endlose Lavafelder, moosbewachsene Felsbrocken und dahinter das Meer. Ich weiß auch mit geschlossenen Augen, wie das alles aussieht. Ich will woandershin. Ich träume mich weiter weg, an einen speziellen Ort.

Und da bin ich auch schon. Am Fuß einer Hügelkette. Kári ist bereits da, und mit ihm unsere Pferde, seine Schimmelstute Mánadís und meine mausfalbe Nordlichterfee mit der langen, schmalen Blesse und den schwarzen Strümpfen an den Vorderbeinen. Hinter uns liegt die weite Ebene mit dem Hotel, den Gewächshäusern und einigen anderen Höfen. Vor uns führt ein geschlängelter Weg aus zerstoßenen Lavabröckchen aufwärts.

Selbst im Traum habe ich leichtes Kopfbrummen, aber das vergesse ich sofort. Mein Herz schlägt zunehmend schneller, als Kári strahlend auf mich zukommt.

Elin.

Seine Arme schließen sich um mich und halten mich ganz fest. Seine Hände fühlen sich warm und lebendig an auf meinem Rücken. Er riecht nach Schafwolle und Pferden und Kräutern, nach dieser einzigartigen Kárimischung, die für mich Island ist und immer sein wird. Ich lasse meinen Kopf an seine Schulter sinken.

Elin. Geht es dir gut?

Ich nicke. Meinen Kopf lassen wir einfach mal außen vor.

»Blendend«, flunkere ich und schaue zu ihm hoch.

Kári lacht sein ansteckendes weißes Strahlelächeln.

Ich muss immer auf seine Zähne starren, auf seine Lippen. Dann versinke ich in seinen Augen, die so richtig froschkoniggrün sind. Er zwirbelt eine meiner blauen Haarsträhnen und streicht sie mir mit unsicheren Fingern hinters Ohr.

Ich hatte tausend Fragen, aber die sind auf einmal alle nicht mehr wichtig. Ich bewege meinen Mund ein Stückchen auf seinen zu. Und dann berühren sich unsere Lippen, und es britzelt wie Brausepulver, nur viel, viel süßer und ganz weich. Ich schließe die Augen und hoffe, dass die Zeit stehen bleibt. In Träumen geht so was doch, oder?

Aber dann schnaubt Mánadís, und es ist vorbei. Wir öffnen die Augen.

Die Pferde tänzeln aufgeregt herum. Auch Ljósadís, meine kleine Nordlichterfee, wirkt auf einmal unruhig.

Kári lässt mich nicht los, aber sein Blick hat sich verändert. Er ist wachsam. Besorgt. Und er sagt irgendwas auf Isländisch zu seiner Schimmelstute. Das ist neu: Normalerweise verstehe ich ihn in meinen Träumen immer ohne Schwierigkeiten.

Wir gehen zu den Tieren hinüber, und Kári hilft mir in den Sattel. Mir ist ganz schön schwindelig, aber ich lasse mir nichts anmerken.

Es wirkt beinahe so, als hätte er es auf einmal eilig, von hier wegzukommen. Habe ich etwas falsch gemacht?

»Ist irgendwas nicht in Ordnung?«, frage ich.

Er schüttelt den Kopf und streichelt mir über den Arm. Dann streckt er sich zu mir hinauf und drückt mir noch einen Kuss auf die Wange.

Willst du die Stelle sehen, an der die ersten Siedler an Land gingen?

Ich nicke und erwidere sein spitzbübisches Lächeln. Mein Herz klopft wie verrückt, und ich habe wild flatternde Schmetterlinge im Bauch. Ich mache mir schon wieder zu viele Gedanken.

Wir reiten hügelaufwärts in die Berge hinein. Endlich hat es aufgeklart. Kári nimmt mich und Ljósadís mit auf einen Mitternachtsritt. In strahlendem Sonnenschein. Es ist jetzt beinahe unendlich lange hell. Das ist sie also, die berühmte Mitternachtssonne.

Kári ist sehr besorgt um mich, und wir lassen die Pferde nur im Schritt vorwärtsgehen, ohne Sattel, wie damals, in unseren allerersten gemeinsamen Träumen. Gleich nach unserer ersten Islandreise war das. Auch damals war ich krank – und ein bisschen verwirrt.

Ich verstehe die ganze Aufregung nicht. Immer wieder sieht Kári sich um. Als ob uns jemand verfolgen könnte.

Aber was soll mir schon geschehen? Ich meine, es ist doch nur ein Traum!

Er lenkt seine Schimmelstute neben mich. Ljósadís legt kurz die Ohren an und schlägt unwillig mit dem Schweif, aber Mánadís braucht nur einmal kurz den Kopf drehen, und schon haben die beiden das geklärt.

Kári reitet wie immer ganz ohne Zaumzeug. Ich habe immerhin noch Zügel in der Hand. Unsere Knie berühren sich. Wir schauen uns an. Kári lächelt. In seinen Wangen entstehen Grübchen. Seine Zähne blitzen weiß. Mein Herz fängt an zu pochen. Ich halte mich in der Mähne fest und beuge mich zu ihm hinüber. Alles an mir kribbelt, als er auch auf mich zukommt und unsere Lippen sich erreichen.

Ich will hier nie wieder weg!

Plötzlich wiehert Mánadís und drängt zur Seite. In derselben Sekunde wird auch meine Nordlichterfee unruhig.

Ein Pferd sprengt hügelabwärts genau auf uns zu. Staub und Steine lösen sich unter seinen Hufen. Hat die Reiterin die Kontrolle verloren? Ist es ihr durchgegangen? Unwillkürlich packe ich meine Zügel fester. Bitte keine wilde Jagd jetzt! Traum hin oder her.

Aber dann ruft Kári der Reiterin etwas zu, und sie erwidert etwas. Es klingt aufgeregt und dringend. Anscheinend hat sie es megaeilig, uns zu treffen.

Ich kneife meine Augen zusammen, um besser sehen zu können. Prompt wird mein Kopfschmerz wieder stärker. Das ist doch ... Das Pferd kenne ich! Die Reiterin ist jetzt ganz nah.

Tatsache, das sind Blika und das fremde Mädchen, dem ich schon einige Male begegnet bin! Die Nüstern der Stute sind geweitet. Ihr windfarbenes Sommerfell glänzt schweißnass. Sie schnauft. Auch die Reiterin ist außer Atem. Wie ein Wasserfall redet sie auf Kári ein.

»Ha!«, rutscht es mir heraus. Triumphierend sehe ich Kári an. »Ich wusste, dass ihr euch kennt.«

Sie funkelt mich an, so wie damals am Bach. Ein paar Dezibel leiser wiederhole ich: »Ich wusste das! Allein schon wegen Blika!«

Ihr Blick ist eine Herausforderung an mich. Ich habe keine Ahnung, was da gerade bei ihr abgeht, aber ich nehme die Challenge an. Und dann habe ich ein Déjà-vu. Diesen Ausdruck, den kenne ich. So hat Amy mich angeschaut ... Damals, als Thorben mich zum Eis eingeladen hat, weil ich ihm Mathe erklärt habe. Sie ist eifersüchtig! Das Mädchen ist eifersüchtig! Auf mich! Wegen Kári?

Wer ist sie? Woher kennen die beiden sich? Ich kann nicht aufhören, sie anzustarren. »Aber das ist doch kein Grund –«

Nicht jetzt, wir haben keine Zeit.

Wumm. Abgewürgt.

Der Gedanke ist unvermittelt da, wie eine Ohrfeige, und dann geht in meinem Kopf ein schmerzendes Blitzlichtfeuerwerk los.

Ich angle stöhnend nach Erlas Spezialbonbons und halte erst mal die Klappe.

Die beiden reden auf Isländisch miteinander. Ich verstehe keinen Ton. Immer wieder zeigt das Mädchen abwechselnd auf mich, auf das Tal und die Berge.

Kári lässt sich schließlich von ihrer Aufregung anstecken. Er bedeutet mir, ihnen zu folgen. Wir verlassen den Weg und reiten querfeldein. Die Hufe unserer Pferde sinken bei jedem Schritt quatschend in das weiche Moos ein. Der Boden ist morastig. An manchen Stellen versinken wir bis über die Sprunggelenke, und das Mädchen treibt uns mit ungeduldigen Gesten ständig weiter zur Eile an.

Komm!

Ich bin genervt. Ich kann nicht so schnell, und mein Schädel hämmert auch ohne die fiesen Tricks dieser Wikingerbraut schon in THX Dolby Surround.

Kári mahnt mich, dicht hinter ihm zu bleiben, und greift schließlich nach meinen Zügeln, um Ljósadís zu führen. Das wäre gar nicht nötig. Ich will mich schon beschweren, aber dann höre ich ein leises Brummen, das immer stärker anschwillt und stetig näher kommt.

Das Mädchen kreischt etwas. Sie lenkt uns direkt auf eine Felswand zu. Was soll das denn jetzt? Da geht es doch nicht weiter? Und wovor flüchten wir überhaupt? Wieso macht sie sich so wichtig? Und wieso nimmt Kári das so ernst?

»Was ist denn los?«, frage ich.

Kári dreht sich zu mir und springt vom Pferd. Er sieht besorgt aus. *Bleib ganz ruhig. Freyja ist eine Freundin. Vertrau ihr.*

Er bewegt die Lippen nicht. Seine Worte finden ihren Weg wie immer irgendwie anders direkt in meinen Kopf.

Na ja, Freundin ist gut. Vertrauen … pfff … Ich weiß ja nicht. Ich muss an unsere bisherigen Begegnungen denken. An wüste Beschimpfungen, an die verdorbenen Mägen meiner Mitreiter, nachdem sie Gott weiß was in den Fluss gekippt hatte, an meine Kopfwehattacke von eben, und jetzt gerade blitzt sie mich auch nicht wirklich freundlich an.

Kári wartet, mühsam beherrscht. Ich reiße mich zusammen, nicke stumm und lasse mich von Ljósadís' Rücken gleiten. Kári hilft mir. Wir ducken uns hinter einen Stein. Total witzlos, denn der ist viel zu klein, als dass wir alle drei samt Pferden dahinter verschwinden könnten.

Das Brummen wird lauter. Das ist definitiv nicht nur mein Schädel. Mir ist schlecht. Der feuchte Untergrund durchweicht meine Reithose an den Knien. Ich lutsche verzweifelt an meinem Honigbonbon herum und beobachte hilflos, was geschieht. Immerhin hält Kári meine Hand.

Freyja geht ein paar Schritte von uns weg. Sie reißt die Arme hoch und ruft irgendwas. Ljósadís zuckt einmal kurz, dann zupfen die Pferde unbeeindruckt ein paar der spärlichen Grasbüschel zwischen den Moosflecken.

Freyja ist dazu übergegangen, etwas zu murmeln. Es klingt bedrohlich. Dann verdreht sie die Augen und stampft mit einem Stab auf den Boden. Ich habe keinen blassen Schimmer, woher sie den auf einmal hat. Sie guckt wirklich finster, während sie mit dem Stock einen imaginären Kreis zieht. Aber das Unheimlichste ist, dass um uns herum auf einmal Bewegung in den Boden kommt. Die morastige Erde fängt an zu gluckern und zu glibschen, wie ein frisch gekochter Pudding mit einer ganz dünnen Haut. Dunst steigt auf. Heißer Dampf. Wie Nebel hüllt er uns ein. Und es stinkt nach faulen Eiern. Am liebsten würde ich aufspringen und davonlaufen. Aber Kári hält mich ganz fest. Er zieht mich an sich, und ich kann seinen Herzschlag an meinem Rücken spüren.

Mir ist mulmig. Ich würde gern den Traum beenden. Freyjas Blick fliegt zu mir, und ich werde selbst in Gedanken mucksmäuschenstill. Ich mag sie irgendwie nicht, sie jagt mir Angst ein.

Das Brummen ist jetzt richtig laut, und endlich begreife ich, dass es mit meinem Kopf überhaupt nichts zu tun hat. Es kommt von außen. Da knattern Motorräder den Berg herunter. Schwere Maschinen. Sind die bekloppt? Das ist ein Naturschutzgebiet, und zwar mit reichlich geothermaler Aktivität. Auf Deutsch: Es ist überall Wasser unter der Oberfläche, und das kocht. Sehen die das denn nicht? Der Moorboden ist trügerisch. Lebensgefahr für alle, die sich hier nicht ganz genau auskennen!

Ich will aufspringen, aber Kári hält mich zurück.

Beweg dich nicht, bleib ruhig sitzen, schärft er mir ein. *Sie sind nicht i n Gefahr, sie sind d i e Gefahr.*

Inzwischen kann ich die Männer auf den Maschinen erkennen. Es sind drei. Sie tragen schwarze Lederkutten, Tätowierungen und Messer und machen düstere Gesichter. Dagegen ist Freyja ein Supersonnenschein.

Ich schlucke. »Was wollen die von uns?«, wispere ich tonlos.

Freyja schleicht zu uns herüber.

»Kill!«, sagt sie mit kehlig rauer Stimme. *Töten.* Und als ob das nicht gruselig genug klingen würde, fährt sie sich mit dem Zeigefinger einmal quer über den Hals, in Zeitlupe von links nach rechts.

Ich schließe entsetzt die Augen. Kann ich jetzt bitte ganz schnell aufwachen? Ich mag Freyja echt nicht.

Kári ging noch einmal zu der eingestürzten Eishöhle zurück, in deren Bannkreis er sich mit Ljóri verborgen gehalten hatte. Freyja begleitete ihn. Sie nahm eine Heugabel von der Felswand und trug sie wie eine Waffe vor sich her. Kári schmunzelte. »Glaubst du, damit kannst du ihnen Angst einjagen?«

»Du hast ja keine Ahnung. Diese Männer sind wirklich gefährlich«, flüsterte sie.

Anfangs hatten sie gedacht, die Höhle wäre aufgrund der Schneeschmelze eingestürzt. Freyja hatte es gehofft, ein paar Momente lang. Dann entdeckte jemand die Nidstange, das sichtbare Zeichen eines uralten Fluches. Er war gegen Kári und Elin gerichtet. Gegen ihre Verbindung. Ganz direkt und offen. Sie hatten begriffen, dass jemand nur darauf gewartet hatte, dass Elin den schützenden Bann brach.

Freyja brauchte nur noch eins und eins zusammenzählen, um zu wissen, dass ihr finsterer Lehrherr dahinterstecken musste.

Der riesenhafte Godenführer hatte keinen Hehl daraus gemacht, dass er Elin verabscheute, noch mehr als alle anderen Touristen. Schon mehrfach hatte er Freyja den Auftrag gegeben, sie aufzuhalten, ihr im wörtlichen Sinn Steine in den Weg zu legen, Schaden in Kauf nehmend.

Anfangs hatte er sein Ziel geschickt hinter allgemeinen Angriffen gegen Fremde verborgen, die sich zu weit vorwagten. Freyja beschwor die Mächte der Natur für ihn. Auf die gleiche Art hielten sie auch sonst unbefugte, dreiste Menschen davon ab, Wege zu verlassen oder heilige Orte zu betreten.

Doch dann hatte Freyja ihn dabei beobachtet, wie er ein Messer gegen Elin erhob, aus dem Schatten der verborgenen Dimension heraus. Sie schauderte. Damals hatte sie es vereiteln können … aber sie war nicht immer zur Stelle.

Elin war wie Kári, obwohl sie fremd war. Eine Pferdeversteherin. Nur sie, als ebenbürtige Seele, hatte den Schutz durchbrechen und die Höhle betreten können. Doch in dem Moment, als sie es tat und Kári fand, brach der Schutz unter ihren vereinigten Kräften zusammen.

Mit der Nidstange hatte der Gode noch eine zweite Fliege mit derselben Klappe schlagen wollen: Damit sprach sich nämlich wie ein Lauffeuer herum, dass einer von ihnen Grenzen überschritt, sich über Gebühr mit einer Fremden einließ. Das heizte die menschenfeindliche Stimmung unter den Konservativen zusätzlich an. Es brachte dem dunklen Godenfürsten Stimmen für eine weitere Ablösung von der Menschenwelt. Warum auch immer ihm das so wichtig war und wie auch immer die vonstattengehen würde. Freyja hatte eine Ahnung, dass ein Bewahren der Natur nur ein vorgeschobener Grund war. Er verfolgte eigene Zwecke. Nur welche?

Rätselhaft fand sie außerdem, wieso er zumindest mit einem Teil seines Plans gescheitert war: Elin lebte. Kári und dem Fohlen ging es gut. Der Zauber hatte standgehalten, solange das Mädchen sich in der Höhle befand, selbst noch, als es verletzt und ohnmächtig war. Die Felsen gaben nach, und doch blieben Elin, Kári und die Nordlichterpferde unantastbar. Hier hatten der Riese und seine Schergen ihr Ziel nicht erreicht.

Noch nicht.

Mit dem Fuß wischte Freyja über die Spuren, die Motorradreifen in der Asche des erloschenen Lagerfeuers hinterlassen hatten. Die Abdrücke ähnelten der schuppigen Zeichnung von Lindwürmern in den alten Sagenbüchern. Freyja schüttelte sich. Zwar hatte sie noch nie eine solche Seeschlange gesehen, aber sie hatte genug darüber gelesen. Sie galten als aggressiv und griffen auch Menschen an.

Kári nickte. Die Lachfältchen verschwanden aus seinem Gesicht. Er hatte gesehen, was passieren konnte. Es hätte nicht viel gefehlt, und Elin … Er durfte das nicht zu Ende denken. Seine Finger spielten abwesend mit dem orange-blauen Schal, den er sich in die Hosentasche gesteckt hatte. Er war eine Leihgabe von ihr. Dem Mädchen mit den ozeanblauen Augen und den lupinenfarbigen Haarsträhnen. Sie war kein Mitglied der Huldúgemeinschaft, sie kam aus einem fernen Land und gehörte zu den Verborgenen Menschen. Das Lustige war, dass sein Volk von diesen anderen ebenso genannt wurde. Normalerweise begegneten sie sich nicht. Dimensionen trennten sie. Zeit und Raum. Sie nahmen die anderen im Höchstfall wie einen Schatten wahr, ein flüchtiges Huschen im Augenwinkel. Aber manche konnten diese Grenzen durchschreiten, wenn sie ein Ziel auf der anderen Seite hatten. Elin und er gehörten dazu. Auch Freyja war dazu imstande, wenn sie sich Mühe gab.

Und Jorúnn.

Besonders Jorúnn.

Die alte Kräuterfrau war eine Weltenwanderin. Sie konnte hin und her wechseln, einfach so, als wäre es so leicht wie Atmen.

»Ich glaube, der Gode kann das auch.«

Überrascht sah Kári zu Freyja. Hatte sie wieder einmal seine Gedanken gelesen?

Ohne aufzusehen, stocherte sie mit der Heugabel auf dem Boden herum. »Er war hier. Er sucht euch und die Pferde.«

Kári zuckte mit den Achseln. »Die sind in Sicherheit. Ich glaube nicht, dass er sich traut, in Gunnars Stall einzubrechen. Wir haben Wachen aufgestellt, und Jorúnn hat ihren Teil zu unserem Schutz beigetragen. Du weißt, wie mächtig sie ist. Die werden sich hüten. Der Rat beginnt heute Nacht mit den Anhörungen. In zwei Wochen, wenn Vollmond ist, werden die Beschlüsse gefasst und verkündet. Dann sind wir frei.«

Freyja war nicht überzeugt. »Die Goden sind in Alarmbereitschaft, ohne zu wissen, dass einer der ihren hinter all dem steckt. Ich habe es versucht. Sie glauben mir nicht. Ich kann nicht einmal offen aussprechen, was ich gesehen habe, solange wir keine Beweise und Zeugen haben. Er würde mich sofort töten. Du riskierst zu viel, und deine Hoffnung ist ein Wunschtraum. Die Nidstange war eine offene Kriegserklärung. Niemand hätte gedacht, dass jemand so weit gehen würde.«

»Niemand bedeutet: Du?« In Káris Stimme lag kein Vorwurf.

Freyja blickte zur Seite. »Ich muss los. Sonst schöpft er Verdacht.«

Kári hielt sie am Arm zurück. »Ist das nicht zu gefährlich?«

Sie sah ihn lange an. »Es ist in Ordnung. Es geht um mehr. Wenn sie bleibt, ist sie in größerer Gefahr als ich.« Sie schluckte. Es kostete sie Überwindung, den nächsten Satz zu sagen. »Gib auf sie acht. Jorúnn sagt, sie ist Teil der Prophezeiung.«

Kári nickte verblüfft. Sie brauchte ihn nicht daran zu erinnern. Aber aus ihrem Mund zu hören, dass sie sich um Elin sorgte, berührte ihn.

Freyja drehte sich um, rammte die Heugabel in den Boden und schwang sich mit Anlauf auf ihre Stute.

Dann ritt sie zurück zu ihrem finsteren Lehrherrn, dem riesenhaften Goden, der für das alles verantwortlich war.

2. Nordische Laute

Als ich wieder zu mir komme – wach werden würde ich das nicht gerade nennen, denn dann hat man nicht das Gefühl, mit dem Kopf in einer Schraubzwinge festzuklemmen, nicht mal mit Gehirnerschütterung ... Als ich also halbwegs mein Bewusstsein wiedererlange, finde ich mich in meinem Hotelbett wieder. Dazwischen fehlt mir ein Stück. Denn irgendwie muss ich ja auf dem Rückweg vom Flughafen aus Gunnars Auto hierhergelangt sein. Und in der Traumebene fehlen mir auch Teile. Ich versuche, aus meinen vertrockneten Hirnzellen zu wringen, was passiert ist:

Wir haben ewig im feuchten Gras gekauert und darauf gewartet, dass diese Rocker mit ihren Motorrädern wieder verschwinden. Aber die haben sich Zeit gelassen. Irgendwann sind unsere Pferde unruhig geworden. Kári und Freyja haben diskutiert, und wieder mal habe ich nichts verstanden. Nur dass zwischendurch mein Name fiel, fast immer begleitet von Freyjas missmutigem Schnauben.

Das Letzte, an das ich mich erinnere, sind Káris Hände in meinen und Freyjas Finger vor meinem Gesicht.

Ihre Pupillen brannten sich in meine, hoch konzentriert, fingen an, sich zu drehen, zu kreiseln, bis mir schwindelig wurde und ich meine Augen schließen musste. Das Kreiseln wurde von Kälte und einem leisen Rauschen abgelöst. Dann weiß ich nichts mehr. Da war nur noch windstille, tonlose Schwärze.

Tja, und hier bin ich nun. Ich habe keine Ahnung, wie spät es ist. Es muss noch immer Nacht sein, aber es ist ja ständig hell. Mit diesem seltsamen Sommerdauerlicht kommt man wirklich ganz durcheinander.

Die Tür zum Nachbarzimmer steht offen. Von drüben höre ich Moms leises Schnarchen. Das sonst eher nervige Geräusch hat auf einmal etwas extrem Beruhigendes. So etwas wie Beständigkeit in meiner kleinen verrückten Welt, in der alles, was ich bislang für normal und selbstverständlich hielt, auf den Kopf gestellt, Stück für Stück zerbröselt und in umgekehrter Reihenfolge wiederaufgebaut wird. Mom ist mein Fels in diesem Chaos, eine kleine, schnarchende Felseninsel in der Brandung.

Manchmal schleicht sie sich nachts zu Gunnar. Sie glaubt, ich merke das nicht, weil sie stets noch vor dem Frühstück wieder zurückkommt. Irgendwie süß von ihr. Und auch, dass sie heute hiergeblieben ist. Meine erste Nacht ohne meine beste Freundin. Ob Amy und Nele schon gelandet sind?

Schlaftrunken will ich nach meinem Handy angeln. Aber das hat Mom natürlich mit in ihr Zimmer genommen und in ihr Nachttischschubfach gelegt. Damit ich auch ja nicht auf dumme Gedanken komme, mitten in der taghellen Nacht.

Und jetzt? Ich starre an die Decke.

Mein Mund ist trocken.

Ich muss aufs Klo.

Der Wind bauscht das Rollo auf und drückt es klappernd gegen den Rahmen. Wieso hat Mom das Fenster nicht zugeschoben vorm Schlafengehen?

Mir ist kalt.

Aber ich fühle mich total zerschlagen und will mein warmes Bett nicht aufgeben.

Wie bin ich hierhergekommen? Hat Kári mich ins Bett gebracht? Ich runzele die Stirn. Blödsinn. Ich fange an, die Ebenen zu vermischen. Mom muss das gewesen sein. Ich war die ganze Zeit im Auto. Da bin ich eingeschlafen.

Trotzdem mag sich mein Puls nicht beruhigen. Denn was ich geträumt habe, ist auch Realität. Eine andere Wirklichkeit, die nicht jeder sehen oder erleben kann. Eine andere Dimension. Von wegen, Träume sind Schäume. Das hier war und ist echt.

Wir sind verfolgt worden, und es ist völlig normal, dass mein Herzschlag sich vor Aufregung überschlägt. Ich frage mich, was danach passiert ist. Es beunruhigt mich total.

Sind Kári und Freyja in Sicherheit? Und die Pferde? Was wollten diese Männer von uns? Ich angele nach dem geheimnisvollen Nordlichtanhänger um meinen Hals. Sein wärmendes Pulsieren schafft es immer, mich zu beruhigen.

Ljósadís!

Ich schrecke zusammen. Wie geht es meiner Nordlichterfee? Jetzt muss ich doch aufstehen. Diese Unwissenheit halte ich nicht aus. Auf Zehenspitzen tapse ich ins Bad, gehe zur Toilette und schlüpfe auf dem Rückweg in einen der hoteleigenen Bademäntel, die hinter der Tür hängen. Meine Knie sehen im fahlen Morgenlicht schmutzig aus. Aber das kümmert mich nicht weiter. Ich muss raus und nachsehen, wie es ihr geht. Ob sie wohlbehalten zusammen mit den anderen Mutterstuten und deren Nachwuchs auf der Fohlenweide steht, in unmittelbarer Nähe zum Hotel? Zwar ist Ljóri schon fast ein Jahr alt und sieht aus wie ein Riesenbaby zwischen all den Frischlingen, aber Gunnar wollte sichergehen, dass der kleine Hengst erst einmal in Ruhe ankommen kann und er ihn stets im Blick hat. Zumindest tagsüber. Aber was ist nachts? Ich tappe an Moms Schlafzimmer vorbei und pralle zurück.

Manche Antworten kriegt man postwendend.

Da liegt ein Mann in ihrem Bett, mit freiem Oberkörper.

Gunnar.

Arm in Arm mit meiner Mom.

Das ist etwas mehr Information, als ich mir gewünscht hätte.

Ich schlucke. An diesen Anblick muss ich mich erst gewöhnen.

Deswegen klang das Schnarchen ein bisschen tiefer als sonst, wird mir klar.

Aber ich habe keine Zeit, meiner Kindheit und Moms ungeteilter Aufmerksamkeit nachzutrauern. Barfuß schlüpfe ich in meine Boots und ziehe, so leise ich kann, die Tür hinter mir zu.

Unsere Miniferienwohnung gehört zu einem separat gelegenen Gästehaus. Es befindet sich am Ende eines der Flügel der Hotelanlage. Über die Veranda mit dem kleinen Hot Tub gibt es einen direkten Zugang zum Hof. Man muss nur um die Ecke gehen. Ein ziemlich cooles Upgrade also, das Gunnar uns da spendiert hat. Der einzige Nachteil ist, dass die Fohlenweide genau auf der anderen Seite liegt. Dafür bekommen wir hier kaum was von dem ganzen Trubel mit. Selbst wenn das Hotel wie seit ein paar Tagen ausgebucht ist. Als hätte man eine Klappe geöffnet und einen Schwarm Urlauber losgelassen. Na ja, irgendwie ist es ja auch so. Hochsaison eben.

Amy ist meganeidisch auf unser Appartement. Das hat Mom mir durch Nele ausrichten lassen. Die beiden telefonieren natürlich. Oh Mann, ich vermisse meine beste Freundin wie irre, und ich kann mich noch nicht mal bei ihr melden.

Meine Armbanduhr behauptet, dass es kurz vor fünf ist. Die Sonne steht schon wieder recht hoch am Himmel, aber die vulkangrauen Schottersteinchen auf dem Boden sind nebelfeucht, und auf den Grashalmen in den Rabatten klebt Tau. Ich fröstele und knote den Gürtel meines Hotelbademantels zu. Ein lauer Morgen ist was anderes. Außer ein paar lärmenden Möwen scheint noch niemand wach zu sein. Die Ausläufe sind leer, die Pferde verbringen ihre Freizeit auf den großzügigen Weiden rings um die parkähnliche Hotelanlage herum.

Ich dehne und recke meine Schultern und den Nacken. Mir tun alle Knochen weh, und meine Muskeln sind fürchterlich verspannt. Ich wüsste zu gern die Erklärung dafür. Die beiden werden mich ja wohl nicht durchs Fenster auf den Boden gekippt und dann ins Bett geschleift haben? Aua. Gedankenverloren reibe ich mir über den schmerzenden Ellbogen. Dann schüttele ich wieder den Kopf. Blödsinn. Ich bin im Auto eingeschlafen und im Hotelzimmer aufgewacht. Mom und Gunnar werden mich getragen haben. Die Rüttelei auf der Fahrt und die Lüftung sind schuld. Das ist alles.

Von unserem Quartier aus muss ich einmal komplett um die Reithalle herumgehen, damit ich zur Fohlenweide gelange. Zeit genug, um mir tausend Schreckensszenarien auszumalen.

Aber dann sehe ich sie. Erleichtert bleibe ich stehen. Ich muss erst mal wieder zu Atem kommen. Nur so ein paar Tage im Bett, und schon fühle ich mich wie eine alte Frau. Ich denke kurz an Erla, Gunnars Tante, und nehme das sofort wieder zurück. Ich kenne niemanden, der fitter ist.

Ljóri und die meisten anderen Fohlen liegen im Tiefschlaf lang ausgestreckt auf der Seite, die meisten Mutterstuten auch, ein paar von ihnen dösen in aufrechter Liegeposition. Nur Ljósadís und ein alter Wallach halten stehend Wache. Ihre Ohren fliegen zu mir, als ich mich nähere, aber sie bleibt ganz ruhig, kippt gelassen die Hüfte und entlastet zur Abwechslung das andere Hinterbein.

Ich schlüpfe unter dem Zaun durch und mache einen Bogen, um Ljóri nicht im Schlaf zu stören. Seine Beine zucken im Traum wie bei einem Hundewelpen, und seine Unterlippe wackelt in seinem Kindergesicht mit der Laternenzeichnung. Er ist so süß, wie er da liegt! Die Schäfchenmähne und der bommelige Schweif sind immer noch lockig und kraus.

Ich mache einen weiteren Schritt auf Ljósadís zu, grabe meine Finger tief in ihre Mähne und presse meine Stirn gegen ihre. Sie brummelt leise. Es tut so gut, dieses Pferd leibhaftig zu spüren, seinen unvergleichlichen Duft einzuatmen, die Wärme zu fühlen, die Nähe.

»Es geht dir gut«, murmele ich leise und wiederhole es wie ein Mantra. »Es geht dir gut. Wir sind hier, und hier sind wir in Sicherheit. Uns geht es gut. Alles wird gut.«

Ein Knacken lässt mich herumfahren.

»Kári!«, rutscht es mir kieksend heraus. »Himmel, hast du mich erschreckt!«

Er lächelt entschuldigend und legt seinen Zeigefinger an die Lippen. Ich löse mich von meiner Stute und fliege in seine Arme. Stumm lachend drückt er mich an sich. Noch einer, der so himmlisch gut duftet. Nach Wolle und Pferd und Kräutern und Meer. Ich spüre seinen Herzschlag an meiner Brust, der mit meinem

Kopf um die Wette hämmert. Er hält mich ganz fest. So, als ob auch er sich versichern möchte, dass ich da bin. Dass es mich wirklich gibt in seiner Welt. Und ihn in meiner. Unsere Körper kribbeln, als ob jedes einzelne Atom mit denen des anderen Ringelreihen tanzen würde.

Bist du in Ordnung?

Ich nicke und löse mich. Gerade nur so weit, dass ich ihm in seine froschköniggrünen Augen sehen kann. Aber ich will ihn nicht loslassen.

»Was wollten die von uns? Wer war das?«, will ich wissen.

Seine Hände spielen verlegen mit meinem Frotteegürtel herum. Wir müssen beide kurz grinsen, weil wir das Gleiche denken, uns zurückerinnern. An einen meiner ersten Besuche bei Kári zu Hause, damals, im Traum. Von Deutschland aus. Da bin ich einfach im Schlafanzug bei ihm aufgetaucht und habe mir nichts dabei gedacht. Es war ja nur eine Fantasie, die sich aus Fieberträumen entwickelt und verselbstständigt hat. Ewigkeiten scheint das her zu sein. Wie naiv ich war. Ich schaudere.

Kári runzelt die Stirn.

»Alles gut«, versichere ich ihm noch einmal.

Er schüttelt lächelnd den Kopf und zieht mich am Gürtel wieder näher zu sich heran. Wir setzen uns in den Windschatten eines Felsen auf eine Schütte Stroh. Der Stein ist bereits warm von der Sonne.

Das waren die Männer des Goden, erklärt Kári und knetet dabei meine Finger. *Ich glaube, sie sind aus eurer Welt.*

Wie immer höre ich seine Stimme direkt in meinem Kopf, ohne dass er auch nur die Lippen bewegen muss.

Freyja sagt, der Riese plant etwas. Wahrscheinlich war er es, der die Nidstange errichtet hat. Aber uns fehlen eindeutige Beweise, mit denen wir vor den Rat treten können.

Ich nicke, als ob mir damit alles klar wäre.

Du weißt, dass unser Land in Godentümer aufgeteilt ist? Wie … Er sucht nach Worten.

»Regierungsbezirke«, helfe ich ihm auf die Sprünge. Diesmal ist mein Nicken ehrlich.

Er schart Gleichgesinnte um sich, um vor den Rat zu treten und eine Entscheidung zu erwirken, die unsere ganze Zukunft beeinflussen könnte. Sie wird alle betreffen, die in diesem Land leben.

»Das weiß ich alles, aber worum geht es da genau?«, frage ich nach. »Gegen wen ist dieser Fluch gerichtet?«

Es geht darum, wie die Huldú sich künftig verhalten sollen. Wie wir weiter miteinander leben, hier im Eisland. Einige von uns wünschen sich die Fortführung der Gemeinschaft mit euch. Sie begrüßen den Fortschritt. Andere erachten den Preis dafür als unerträglich groß. Wir sehen die fortschreitende Zerstörung der Natur.

Wie sollen wir weiter damit umgehen? Wir könnten uns friedlich zurückziehen, weiter nebeneinander existieren oder … die Hekla ist wütend.

Er stockt, und ich habe ein Déjà-vu. Ich sitze wieder in dem vollgestopften Klassenzimmer der Elfenschule in Reykjavík, und Professor Magnús Skarphéðinsson zitiert diesen anderen Historiker, dessen Namen ich mir nicht gemerkt habe. Er hat die Unsichtbaren als isländische Globalisierungsgegner Nummer eins bezeichnet, als personifizierte Mahnung, auf die Kräfte der

Natur zu achten. Ein weiterer Schauer rieselt mir den Rücken hinunter.

»Oder was?«, frage ich und lege meine Hand auf seine.

Kári sieht schmerzerfüllt zur Seite. *Die Hekla ist wütend.*

Die Hekla ist einer der drei aktivsten Vulkane Islands. Dabei sieht sie so unschuldig aus mit ihrer gleichmäßigen Kegelform und der Schneehaube, die oft das ganze Jahr über liegen bleibt. Aber nach allem, was ich gelesen habe, brodelt es gewaltig unter ihrer friedlichen Oberfläche. Mittlerweile ist sie quasi seit zehn Jahren überfällig mit einem neuen Ausbruch. Und je größer der Abstand zwischen zwei Eruptionen ist, desto heftiger fallen sie anscheinend aus.

»Erla hat die Hekla auch erwähnt«, denke ich laut. »Oben im Hochland, kurz bevor ich euch gefunden habe. Sie sagte, dass sie unruhig schläft derzeit. Und dass man früher geglaubt hat, die Hekla sei das Tor zur Hölle.«

Kári sieht mich ernst an. *Vielleicht ist sie das. Zumindest im übertragenen Sinn. Der Riese hat Zwietracht gesät mit seinem Fluch. Es könnte Krieg geben, wenn wir keine Einigung untereinander finden. Wir wollen beten, dass die Hekla nicht aufwacht. Manche glauben, eine Weltenwende steht bevor.*

Ich schlucke. »Willst du damit sagen, dass dieser Vulkan so was wie ein Stimmungsbarometer ist? Für die Eintracht der Huldú? Und … und was passiert, wenn sie sich nicht beruhigt? Warum Krieg? Was meinst du mit Weltenwende? Gegen wen ist dieser Fluch gerichtet? Kári? Liebe Güte, gibt's bei euch etwa auch so bekloppte Verschwörungstheorien? Du glaubst doch nicht an so einen Sch…?«

Er schaut auf meine Hand, als ob er sich den Verlauf jeder einzelnen Ader genau einprägen möchte.

Unsere Welten könnten sich für immer trennen. Dann ist jedes Volk nur noch für sich verantwortlich.

Mein Puls hämmert rasend von außen gegen meine Schläfen. In meinem Magen krampft sich etwas zusammen. Ich verstehe nicht die Bohne von dem, was in diesem Land abgeht, aber ich fühle Káris Unruhe, und sie wird zu meiner. Was, wenn es wahr ist? Ich meine, okay, ich bin auf den Kopf gefallen, aber meinem Verstand traue ich schon etwas länger nicht mehr über den Weg. Mein ganzes Weltbild wird seit ein paar Wochen von 2D-Agfacolor auf 4D-HDD umgestellt. Es gibt so vieles, was ich nicht kapiere, da kommt es auf das hier auch nicht mehr an. Und wenn Kári Realität ist – und ich wüsste nichts, was sich wirklicher anfühlt als seine Hand in meiner –, dann würde das auch bedeuten …

»Du meinst …?« Ich wage nicht, es auszusprechen.

Er drückt meine Finger, und eine andere, eiskalte Faust greift nach meinem Herzen. Wir haben uns doch gerade erst gefunden! Ich will Kári nicht verlieren!

»Aber ihr könnt etwas dagegen tun, oder?« Wir brauchen einen Plan! Ich fange an zu stammeln. Meine Gedanken springen hin und her und überholen sich selbst. »Ich meine, ich habe doch gesehen, was Freyja mit dem Nebel gemacht hat. Und mit dem morastigen Boden. Sie kann mit der Erde sprechen! … Dann geht das bestimmt auch mit der Hekla. Und unsere Traumbegegnungen … Also, wenn ihr so was wie Umwelthüter seid ... Vielleicht können wir auch Erla um Rat fragen?« Gunnars Tante scheint so viel über die Huldú zu wissen. Sie bietet in Reykjavík regelmäßig geführte Elfenwanderungen an, um Touristen diese verborgene Welt näherzubringen. Ich fand das anfangs megalächerlich, während Mom gleich bei unserer ersten Islandreise drauf abgefahren ist. Heute denke ich anders. Na ja. Mit Einschränkungen.

»So ein Gleichgewicht muss sich doch wiederherstellen lassen«, sprudele ich weiter. »Und dieser Riese darf auf keinen Fall ungeschoren davonkommen. Wir müssen ihn kriegen!«

Ich höre mir selbst beim Reden zu, und ein Teil von mir kann immer noch nicht fassen, was ich da von mir gebe. Das ist so durchgeknallt. So komplett absurd.

Wir?

Ich nicke fröstelnd. »Ich habe keine Ahnung, wie, aber wir schaffen das. Ich hänge doch eh schon mit drin, oder? Du hast diese Prophezeiung erwähnt.«

Ein paar ziemlich große Krähen hüpfen ganz in unserer Nähe über die Wiese. Sie fliegen krakeelend auf, als Mánadís grasend in ihre Nähe kommt. Kári schaut ihnen einen Moment lang nach, bevor er sich wieder mir zuwendet.

Ich versuche, klar zu denken. Struktur. Eins nach dem anderen. »Was ist mit den Pferden?«, bohre ich weiter. »Sind sie hier wirklich sicher?«

Wir haben Wachen aufgestellt, sagt Kári.

Automatisch schaue ich mich um. Ich sehe niemanden.

Er lacht. *Das ist der Sinn. Hab keine Angst.*

Fahrig nestele ich meinen Nordlichtanhänger hervor. »Ich hab doch den hier. Ich habe keine Angst.« Meine zitternden Finger strafen mich Lügen. »Na gut, ein kleines bisschen. Aber das ist normal, schätze ich, oder?« Ich verziehe die Mundwinkel zu etwas, das ein missglücktes Grinsen wird.

Kári gibt einen dieser nordischen Laute von sich. Dann lächelt er mich traurig an. Ich berühre seine Grübchen, die ich so mag, und er beugt sich vor, um mich zu küssen.

In diesem Moment wiehert Ljósadís. Mánadís stimmt mit einem tiefen Warnton ein. Ich fahre herum. Meine Nerven sind ein wenig strapaziert. Die Stute fixiert etwas, das ich nicht sehen kann.

Nebel ist aufgezogen. Er taucht die Silhouetten der Pferde, die weiter weg stehen, in unwirkliches Licht.

Ich muss gehen.

Sofort drehe ich mich zurück zu Kári. »Was ...?!«

Aber er ist nicht mehr da.

Jetzt ist mir richtig kalt.

Nachdenklich reibe ich mit dem Daumen über die Vertiefungen auf der Rückseite meines Nordlichts. Ich habe nachgelesen, was das Symbol bedeutet, das Kári und die seltsame alte Frau, von der ich nur rot geränderte Augen abgespeichert habe, mir mit einem Griffel aus Blei hineingeritzt haben. In der Nacht, als die Eishöhle einstürzte, war das.

Die windrosenartige Rune ist der Schreckenshelm des Æegir, eines der kraftvollsten und mächtigsten altnordischen Symbole überhaupt. Der Ægirshelm findet schon in der Edda Erwähnung. Er ist ein Schutzzeichen für alle Reisenden, soll die Kraft zur Überwindung des Feindes bewirken, ihm Furcht einflößen, aufkommenden Streit besänftigen und bei Machtmissbrauch helfen. Nach all dem, was Kári mir eben anvertraut hat, können wir die Hilfe vom alten Ægir in all diesen Bereichen verdammt gut gebrauchen. Und das soll jetzt nicht respektlos klingen. Im Gegenteil. Ich weiß einfach inzwischen mehr über isländische Mythologie, als mir lieb ist.

Oh, Amy, du fehlst mir! Was würde ich für mein Handy geben!

Steinúnn sah ihre beiden Männer an. Kári überragte seinen Vater selbst im Sitzen um einen halben Kopf. Er war kein Kind mehr, und es war gut, dass Einarr ihn nicht länger wie eines behandelte.

Sie saßen bei Tisch. Es gab einen Eintopf mit gekochtem Fisch, Kartoffeln, Zwiebeln und weißer Soße. Eigentlich war es eine typische Mahlzeit aus den Resten vom Vortag, aber Kári liebte dieses Gericht. Heute jedoch rührte er kaum etwas davon an. Hätte sein Vater ihn nicht eigenhändig aus dem Stall geholt, wäre er nicht einmal zum Essen hereingekommen.

Gedankenverloren stocherte Kári mit dem Holzlöffel in der Tunke herum. Als er den Blick seiner Mutter wahrnahm, öffnete er beschämt den Deckel des Tontopfes und nahm sich ein Stück des noch warmen, süßen Roggenbrotes, um es mit ein wenig Butter zu bestreichen. Aber nach einem Bissen legte er das Brot auf den Tellerrand und zwirbelte den Löffel zwischen seinen Fingern.

Schließlich brach Einarr das Schweigen. »Was beschäftigt dich, mein Sohn?«

Kári hob den Kopf und wurde rot. »Wie kann ich essen, wenn so viel auf dem Spiel steht?«

»Wie willst du eine Schlacht schlagen, wenn du nicht gegessen und geschlafen hast? Woher soll deine Kraft kommen?«

Kári schwieg und malte mit dem Brotstück Muster in die Soße. Einarr hatte recht. Wie immer. Und doch brachte er einfach nichts hinunter.

»Wie viele sind dort versammelt?«, fragte er, ohne aufzusehen.

»Alle«, antwortete Einarr.

Steinúnn sah ihren Mann herausfordernd an.

Einarr seufzte. »Ich werde auch da sein. Du bist mein Sohn, und ich stehe an deiner Seite.«

Kári nickte.

»Du solltest ausgeschlafen sein. Mancher wird darauf lauern, dass du Fehler machst.«

»Du meinst den Riesen?«

Einarr richtete sich auf. »Er wird sich keine Blöße geben. Er ist ein Mann von hohem Ansehen und hat viele Anhänger in den konservativen Reihen. Seine Augen und Ohren werden überall sein, auch wenn er selbst nicht im inneren Zirkel steht. Wenn er ein doppeltes Spiel treibt, und ich will das nicht abtun, so hat er die Karten sehr geschickt gemischt. Er steht nicht unter Anklage. Und seine Gefolgsleute werden danach trachten, dass dies so bleibt.«

»Du weißt, dass er die Nidstange errichtet und den Einsturz der Eishöhle verursacht hat. Und vieles mehr. Elins Leben und das der Pferde ist in Gefahr, und er steckt dahinter.« Kári presste die Kiefer aufeinander.

»Das ist eine schwerwiegende Anschuldigung.«

»Du weißt, dass ich recht habe.«

»Und du weißt, dass ihr unter dem Schutz des Rates steht. Und unter meinem.«

Steinúnn griff sich mit der Hand an den Hals.

»Darum geht es nicht«, sagte Kári mit einem Seitenblick zu seiner Mutter und hob den Kopf. »Ich habe keine Angst. Ich will nur wissen, was auf mich zukommt. Auf uns. Kann jeder sprechen?«

Einarr nickte. »Jeder, der eine Stimme und etwas zu sagen hat. Die Ältesten schenken jedem Gehör. Darum dauert das Althing so lange, wie es dauert.«

»Ich habe viel zu sagen.« Kári schob trotzig das Kinn vor. Und noch jemand musste sprechen. Aber das zu enthüllen war hier nicht die Zeit und der Ort. Noch nicht.

»Rechne nicht damit, dass du schon morgen aussagen kannst. Es gibt noch vieles andere zu beraten. Gewichtige Männer und Frauen werden reden, aus allen Landesteilen. Das gibt dir Zeit, dich an die vielen Ohren und Augen zu gewöhnen. Ich werde dafür sorgen, dass du ganz am Ende gehört wirst, sodass deine Worte noch frisch in ihren Köpfen sind.« Er sah Steinúnn an. »… und in ihren Herzen«, fügte er hinzu. »Hab Geduld. Langer Atem ist eine Tugend unseres Volkes.«

»Das habe ich. Aber wie lange hält die Hekla noch ihren Atem an? Und wie wird sie ausatmen?«, rutschte es Kári heraus.

Sein Vater griff nach dem Krug mit Quellwasser und schenkte ihnen nach.

»Wir wollen hoffen, dass auch sie Geduld mit uns hat.«

»… und um Asenheil und Wanensegen bitten«, ergänzte Káris Mutter und schlug ein Kreuzzeichen hinterher.

3. Heugabeln in Höhlen

»Elin? Was machst du hier draußen?« Mom steht wie eine Erscheinung im Bodennebel. Sie hat eine viel zu große Männerjacke an, vermutlich von Gunnar gemopst, denn das Ding passt beinahe zweimal um sie herum. Sie hält sie mit verschränkten Armen vor dem Bauch zu und sieht ziemlich verfroren aus.

»Komm jetzt ins Haus. Du holst dir noch den Tod! Du gehörst immer noch ins Bett!« Sie sieht irritiert nach oben, als die beiden schwarzen Vögel laut kreischend über unseren Köpfen davonfliegen.

Ich schwanke zwischen einem irren Lachen wegen »den Tod holen«, heftigem Protest, weil ich kein Kleinkind mehr bin, und dem Bedürfnis, ihr einfach stumm an den Hals zu fliegen und mich auszuheulen.

»Nur weil du frierst, heißt das nicht, dass ich es auch tue!«, versuche ich, meine Erleichterung über ihren Anblick zu übertönen.

»Na, dein Kälteempfinden in diesem Land sei mal dahingestellt.«

Wir grinsen uns an. Mom weiß, dass sie recht hat, und ich weiß es auch. Sie spielt darauf an, dass ich bei unserem allerersten Besuch hier auf dem Hof zwei Stunden lang im Schneetreiben gehockt habe. Mit Ljósadís, bei minus zehn Grad. Wenn Kári nicht gekommen wäre, hätte man mich wohl als Eisblock im Frachtraum zurück nach Deutschland fliegen können.

Er hat mir damals einen Strauß mit frischen Wildkräutern geschenkt. Mitten im Winter. Ich habe mir nichts dabei gedacht. Wie blauäugig. Das scheint unglaublich lange her.

»Kommst du?« Meine Mutter fängt an, auf den Zehen zu wippen.

Ihre Füße kann ich nicht sehen, aber dem quatschenden Geräusch nach steckt sie in Gummistiefeln, und wie ich sie kenne, barfuß. Genau wie ich.

»Ich könnte eine große Tasse heißen Tee vertragen«, gebe ich zu und schlüpfe unter ihren ausgebreiteten Arm. »Und mein Smartphone. Wie lange willst du das denn noch einbehalten? Es geht mir schon viel besser, siehst du ja!«

»Ich sehe ein verfrorenes Kind, das ins Bett gehört.«

»Hmpf.«

Schweigend wandern wir zurück. Ich habe tausend Gedanken im Kopf, und noch immer kriege ich keine Ordnung hinein.

»Sag mal, was würdest du tun, wenn jemand dein ganzes Weltbild auf den Kopf stellt?«, fasse ich mir auf halber Strecke zwischen Reithalle und Stallungen ein Herz. »Ich meine, wenn du immer gedacht hast, du wüsstest, wie die Welt funktioniert, und plötzlich ist alles anders und neu?«

Sie sieht mich schweigend an und drückt mich fest an sich.

»Geht es dir gerade so?«, fragt sie vorsichtig, während wir weitergehen.

Ich nicke. »Kennst du so was auch? Ich meine, natürlich nicht. Aber kannst du's dir halbwegs vorstellen? Ich hab Angst, Mom. Ich bin aufgeregt, weil … ich meine, das ist schon komplett irre, was hier gerade passiert, oder? Aber ich weiß nicht, wie man sich da verhält. Ich kann das alles nicht begreifen. Bitte sag mir, was ich tun soll!«

»O Schätzchen!« Sie bleibt stehen und streicht mir eine Haarsträhne hinters Ohr. Gereizt ziehe ich meinen Kopf weg.

»Lass das, Mom.«

Sie lässt die Hand sinken und fasst mich stattdessen um die Taille. »Ich hatte gar keine Ahnung, dass dich das alles so sehr aufwühlt.«

Ich schnappe nach Luft. »Na, hör mal! Was glaubst du denn, wie gut ich das wegstecke? Ganz schön viel Veränderung in meinem Leben, oder?«

»Na, und in meinem erst.« Sie kichert.

»Nicht witzig«, knurre ich, während wir weitergehen.

Meine Mutter holt tief Luft. »Ich glaube, ich kann mich ziemlich gut in deine Gefühlslage hineinversetzen. Ich weiß, wie es dir gerade geht. Als ich ein bisschen jünger war, als du es jetzt bist, ist meine Mutter, also deine Oma, noch mal schwanger geworden – mit Tante Änne. Das war eine Mordsumstellung. Das kannst du mir glauben. Auf einmal spielt man nicht mehr die Hauptrolle, und wir sind umgezogen, weil die Wohnung plötzlich zu klein war und –«

Ich bleibe stehen und löse mich aus ihrem Klammergriff. »Mom, was willst du mir damit sagen? Wie willst du meine Lage mit deiner Geschichte vergleichen? Das hat doch überhaupt nichts miteinander zu tun?!«

»Na ja«, sagt sie und zieht ihre Jacke enger um sich. »Irgendwie schon, oder?«

»Hä?« Ich starre sie verständnislos an.

»Eine neue Umgebung, du bist auch noch krank, und dann kannst du nicht mal mehr einfach so ins Bett gekrabbelt kommen, weil da plötzlich jemand anders ist, mit dem du mich teilen musst –«

»Oh, lass doch mal diese Küchentischpsychologie, Mom! Wovon, glaubst du, rede ich hier bitte?«

Sie runzelt die Stirn. »Na, ich denke von der neuen Situation mit Gunnar und mir? Ich meine, okay, du hast sicher recht. Ich hätte dich vorher fragen sollen, ob es für dich in Ordnung ist, wenn er bei uns übernachtet. Aber ich hatte ehrlich keine Ahnung, dass dich dieser Umstand gleich mitten in der Nacht nach draußen treibt … Puhh … ganz schön kalt hier frühmorgens, dafür dass Hochsommer ist, oder?« Sie lächelt mich an, und mir fällt alles aus dem Gesicht.

»Mom. Es geht ausnahmsweise mal nicht um dich. Okay?«

Sie nickt mehrmals ernsthaft mit dem Kopf. »Nein, natürlich nicht, Liebes. Erzähl nur. Ich höre dir zu.«

»MOM!«, rufe ich verzweifelt. »Ich rede von Kári und mir! Ich habe eigene Probleme, okay? Gunnar und du, das kommt noch on top. Aber dafür hab ich gerade echt gar keinen Kopf frei.«

»Oh«, macht sie und unterdrückt verzweifelt ein Gähnen, weil das jetzt echt megaunpassend ist. »Kári also«, wiederholt sie. »Wieso gibt es da Schwierigkeiten? Ich dachte, ihr habt euch gefunden?« Anscheinend steht sie immer noch auf der Leitung, und das macht mich fertig. Aber sie sieht süß dabei aus. Ich muss mitgähnen. Und dann lachen wir beide.

»Ich glaube, doch keinen Tee. Wir brauchen erst mal Kaffee«, sage ich ein bisschen sanfter. »Ist er noch da?«

»Gunnar?« Mom schüttelt den Kopf. »Pferde füttern. Ziemlich früh, oder? Ob ich mich daran irgendwann gewöhnen kann?«

Ich grunze. »Dann frag ich jetzt besser nicht nach, ob du auch ohne Herrenbesuch wach geworden wärst und dein einziges Kind genug vermisst hättest, um es suchen zu gehen. Und ich könnte dir nicht mal ein Lebenszeichen schicken, wenn ich mich verlaufen hätte, weil du mir mein Handy nicht gibst.«

Sie knufft mich in die Seite. »Ich wusste es! Also bist du doch eifersüchtig. Was macht dein Kopf?«

Ich stöhne theatralisch. Ich wollte, dieses Hämmern und der neue Freund meiner Mutter wären meine einzigen Sorgen.

Den restlichen Vormittag verschlafe ich in Moms Bett. Sie behauptet, in der Abgeschiedenheit hier hinten hätte sie mich besser unter Kontrolle als im Wohnzimmer des kleinen Studios. In Wirklichkeit ist in dem Durchgangszimmer drüben das WLAN besser. Das weiß ich vom heimlichen Surfen neulich mit ihrem Handy – bis sie mich damit erwischt hat.

Außerdem glaube ich, ihr fällt der Abnabelungsprozess schwerer als mir.

Das Kopfkissen riecht nach Rasierwasser. Mürrisch drehe ich es um. Genügt nicht. Ich angele nach dem Kissen meiner Mutter, aber ich bekomme den Geruch nicht aus der Nase. Schließlich robbe ich auf die andere Bettseite hinüber. Endlich. Hier riecht es einigermaßen mütterlich. Moms Entthronungstheorie ist natürlich völliger Blödsinn. Aber ein bisschen gewöhnungsbedürftig ist das mit Gunnar schon. Meine Mom hat plötzlich ein Liebesleben. Und so was alles.

Nebenan fliegen die Finger meiner Mutter über die Tastatur ihres Laptops. Sie hat beschlossen, dass ihr Urlaub allmählich zu Ende sein muss, auch oder gerade weil wir noch ein Weilchen hier sind. Jetzt arbeitet sie wieder an irgendeinem Projekt.

Das beständige Klackern wirkt enorm einschläfernd auf mich.

Ich dämmere weg, und ehe ich mich versehe, finde ich mich in dem kleinen, abgeschiedenen Tal hinter dem Wasserfall wieder. In der zerstörten Eishöhle, oben im Hochland.

Der steinerne Überhang, unter dem Kári gewohnt hat, sieht aus, als ob der Hulk nach Schmetterlingen gejagt hätte. Alles ist verwüstet, das wenige Geschirr zerbrochen, der Feuertopf umgestoßen. Auf dem Boden entdecke ich verwischte Motorradspuren.

Hinter meiner Stirn braut sich eine weitere Kopfschmerzattacke zusammen. Ist das ein neuer Albtraum?

Da höre ich ein leises Brummeln und hebe den Blick. Mánadís, Káris Schimmelstute, steht außerhalb der eingestürzten Nische zwischen den Steinen im Moos. Erwartungsvoll schaut sie mich an. Erst jetzt nehme ich wahr, dass da noch mehr Pferde sind. In dem kleinen Tal, an dessen Eingang ich stehe, grast eine ganze Herde. Im Hintergrund meine ich, sogar Blika zu erkennen. Aber ich mag mich irren.

Hinter mir knackt plötzlich etwas. Erschrocken drehe ich mich um.

Kári.

Wie ein Schatten löst er sich aus einer Felsspalte. Verlegen lehnt er seine Heugabel an die Wand. Anscheinend hat er sich ebenso darüber erschreckt, nicht allein hier zu sein, wie ich mich.

»Wolltest du damit Pferdefutter schaufeln oder mich aufspießen? Wir sind schon noch Freunde, oder?«, frage ich und versuche, meinen Atem wieder unter Kontrolle zu bekommen.

Er lächelt entschuldigend und kommt auf mich zu. *Ich wusste nicht, ob du mich hörst und wann du kommst.*

»Warum treffen wir uns an diesem Ort?«, will ich wissen. »Nicht besonders gemütlich, oder? Und ehrlich gesagt, verbinde ich damit nicht die besten Erinnerungen.« Abgesehen natürlich von unserem Wiedersehen und dem Kuss, füge ich im Stillen hinzu und spüre, wie meine Ohrläppchen heiß werden.

Kári schmunzelt kurz. Keine Ahnung, ob er meine Gedanken gelesen hat oder ob sich sein Lächeln nur auf meine gesprochenen Worte bezieht.

Genau deswegen werden sie uns hier am wenigsten vermuten. Keiner wird auf die Idee kommen, dass wir ausgerechnet an diesen Ort der Zerstörung zurückkehren, um uns zu treffen. Hier sind wir sicher. Und nach dem Vorfall heute Morgen …

»Was für ein Vorfall? Warum bist du überhaupt so plötzlich verschwunden?«

Kári antwortet nicht. Er sieht mit gerunzelter Stirn an mir vorbei. Meine Nackenhaare stellen sich auf. Ich habe das ungute Gefühl, dass wir beobachtet werden.

Ich habe ihn fortgeschickt. Ihr wart nicht allein auf der Pferdeweide.

Genervt fahre ich herum.

Freyja löst sich aus dem Dunkel.

»Anscheinend sind wir nie ungestört, oder?« Ups, das kam etwas schärfer als geplant aus meinem Mund geschossen. Ach, was soll's, es ist mir auch schon egal.

Kári drückt beschwichtigend meine Hand, aber Freyja geht überhaupt nicht auf meine Spitze ein. Ihre Augen sprühen Funken.

Nein, das seid ihr derzeit nicht. Dafür steht zu viel auf dem Spiel. Aber ihr werdet nicht nur von uns beobachtet.

»Du brauchst mir keine Angst einzujagen«, beschwere ich mich. »Könnt ihr mich nicht endlich mal auf Stand bringen?«

Die beiden sehen mich begriffsstutzig an.

»Ich möchte den vollen Input. Was ist das für eine Prophezeiung? Was haben Ljósadís, Ljóri und ich mit dem ganzen Streit in eurer Welt zu tun? Warum sind wir auf einmal so wichtig, dass uns irgendwelche Rocker ans Leder wollen?«

Die beiden tauschen Blicke.

Ich weiß es selbst nicht genau, fängt Kári schließlich an. *Es gibt da eine alte Weissagung. Die Pferde, die unter einem vielfarbigen Nordlicht geboren sind, tragen eine besondere Kraft in sich.*

Man sagt, sie können die Welten einen oder trennen, ergänzt Freyja. *Je nachdem, wer sie lenkt.*

»Also, wer Ljósadís und Ljóri besitzt, hat die Macht, um –?«

Freyja unterbricht mich. *Es ist komplizierter. Es gibt noch einen zweiten Teil. Über Weltenwanderer und Weltenwandler. Jorúnn wird dich unterweisen, wenn es an der Zeit ist. Das steht mir nicht zu.*

»Wer ist denn das schon wieder?«, will ich erfahren. Ich drehe noch durch hier! Das wird ja immer verrückter. »Was ist ein Weltenwanderer? Und wieso kann ich nicht jetzt alles erfahren? Das ist schon noch *mein* Traum, oder etwa nicht?«

Aber anscheinend ist die Fragestunde vorbei. *Du weißt alles, was du zu diesem Zeitpunkt wissen musst. Bist du bereit, vor den Rat zu treten und zu sprechen?*

Meine Güte! Ist die immer so steif und förmlich?

Kári sieht Freyja noch überraschter an als ich. *Sie soll auch vor dem Althing erscheinen?*

Freyja hebt die Schultern. *Ich bin nur die Botin. Also?*

Herausfordernd schaut sie zu mir. Ich will nirgendwohin gehen. Und schon gar nicht mit Freyja. Absolut alles spricht dagegen: Sie gibt mir deutlich zu verstehen, dass sie mich nicht leiden kann. Sie ist eindeutig das, was man bei uns in der Schule als gewaltbereit bezeichnen würde. Sie hat ein Riesenmesser. Sie ist mir unheimlich. Und ich bin immer noch krank. Ich mustere Freyja unauffällig. Sie starrt zurück, störrisch wie ein Esel. Dann zupft Kári sie am Ärmel, und sie fangen an, miteinander zu tuscheln. Schon wieder. Ich kaue auf meiner Unterlippe herum.

Auf der anderen Seite wäre ein Besuch vor dieser Ratsversammlung vielleicht eine fantastische Gelegenheit, endlich mehr darüber zu erfahren, was hier abgeht.

»Wenn es der Sache dient?!«, höre ich mich murmeln und habe plötzlich wieder die volle Aufmerksamkeit. »Ich helfe gern.«

Mein Mund ist staubtrocken. Warum nur muss ich gerade an den Tümpel im Thingvellir denken, der auf den Hinweisschildern als Ertränkungsteich bezeichnet wurde?

Freyja nickt. *Ich möchte nicht, dass ihr zusammen ausreitet. Weder hier noch* … Sie macht eine Pause, als ob sie nach dem richtigen Wort sucht … *drüben. Ich kann … wir können sonst nicht für eure Sicherheit garantieren. Am besten, ihr seht euch eine Weile gar nicht.*

»Was?«, kreische ich auf. Im Wachzustand ist es eine Sache, da bin ich momentan eh gehandicapt, aber nicht mal in unseren Träumen?

Sie sieht mich wieder so durchdringend an, dass ich ihrem Blick ausweichen muss.

Geh nirgendwo allein hin. Bleib immer unter Menschen. Solchen, denen du vertraust, schiebt sie noch hinterher.

»Verfolgungswahn ist aber keins deiner Probleme, oder?« Maulig schiebe ich die Unterlippe vor. Ich hatte nicht vor, auf wilden Motorradpartys Pogo zu tanzen. Und außerdem liege ich jetzt gerade, streng genommen, ganz brav in meinem Bett.

Gut, schnauzt sie mich an. Hilfe, ist die humorlos! Ich schaue in den Himmel, damit sie nicht merkt, dass ich die Augen verdrehe. Über uns kreist eine riesige Krähe. Schon wieder.

Freyja nickt Kári auffordernd zu. *Verabschiedet euch jetzt. Wir müssen reiten.*

»Aber ich denke, wir sind hier in Sicherheit?«, widerspreche ich verwirrt und trotzig und knete meinen Nordlichtanhänger.

Wirklich sicher seid ihr nur, wenn ihr nicht zusammen seid, beharrt sie. *Hast du ihr die Prophezeiung nicht genau erklärt?,* fragt sie Kári unwirsch.

»Doch, hat er«, gehe ich dazwischen. »Habt ihr ja außerdem beide, gerade eben. Aber daraus wird niemand schlau. Wieso bringt uns das in Gefahr?«

Ihr beide und die Nordlichterpferde – ihr vier könnt den Lauf der Dinge beeinflussen, in jede Richtung. Der Gode weiß das. Er wird versuchen, euch in seine Gewalt zu bringen. Euer Blut kann die Hekla überkochen lassen.

»Unser was?«, frage ich tonlos, obwohl ich sie genau gehört habe. Ich kann sie echt nicht leiden. Laufend sagt sie so gruselige Sachen.

Freyja pfeift. Ein Pferd löst sich aus der Gruppe und kommt in unsere Richtung getrabt. Blika. Ich hatte mich also nicht getäuscht. Dezent dreht sich Freyja zu ihrer Stute und richtet irgendwelche Riemen und Schnallen an ihrem Zaumzeug.

Kári nimmt mich in den Arm, drückt mich an sich und hält mich ganz fest. Auf einmal habe ich Tränen in den Augen. Ich bin gerade ein bisschen überfordert. Das fühlt sich ganz heftig nach Abschied an. »Das ist aber nicht für länger, oder?« Können wir Freyja wirklich trauen?, schiebe ich in Gedanken hinterher.

Bevor er mir jedoch antworten kann, verschwimmen plötzlich sämtliche Umrisse. Die von Kári, Freyja und den Pferden, die ganze Höhle verschwindet. Und das Schlimmste ist: Ich spüre ihn nicht mehr. Es ist, als ob mein Körper plötzlich taub und blind wird. Dann sind da plötzlich andere Gerüche, Farben, Hitze, Feuchtigkeit, das Gefühl von weichem Stoff auf meiner Haut, schweißnasse Angst und Schmerz.

»Elin?«

»Hmmpf?« Ich brauche einen Augenblick, um mich zu sortieren.

»Elin, wach auf!«

Verschlafen reibe ich mir über die Augen. Klebrige Tränen bleiben an meinen Fingerspitzen haften. Mein Kopfkissen ist auch nass.

»Hast du schlecht geträumt?« Mom sieht mich besorgt an. »Du hast gemurmelt und dich unruhig hin und her gewälzt.« Sie setzt ein aufmunterndes Mütterlächeln auf. »Ich kann so nicht arbeiten! Nimm Rücksicht!«

»Mmmpf«, grunze ich und drehe mich vorsichtig auf den Rücken.

Sie hält mir ein Taschentuch hin und fühlt meine Stirn. »Hast du etwa schon wieder Kopfschmerzen? Du bist ja ganz heiß, Elin-Schatz!«

Ich richte mich auf und schüttele den Kopf, aber das ist keine gute Idee. Sofort dreht sich alles, ich muss würgen und drücke mir das Tempo lieber vor den Mund.

Beruhigend streicht Mom mir über die Haare. »Dein Ausflug war vielleicht ein bisschen viel heute Morgen. Ich hab's befürchtet. Brauchst du einen Eimer?«

»Nein«, krächze ich und hoffe, dass es energisch genug klingt. »Mir geht's gut.«

»Wow«, macht meine Mutter. »Dann will ich lieber nicht wissen, wie du aussiehst, wenn dir jemand die letzte Cola in der Wüste vor der Nase wegschnappt.«

»Ich mag keine Cola«, stöhne ich und denke an Freyja und Kári und dass ich aus meinem Traum herauskatapultiert wurde, ohne mich vernünftig verabschieden zu können.

Mom seufzt. »Brauchst du irgendwas?«

Ja. Kári!, schreie ich innerlich.

»Meine Ruhe«, presse ich heraus.

»Nichts leichter als das.« Sie steht auf und schickt sich an, den Raum zu verlassen.

»Mom, warte«, rufe ich kleinlaut. »Tut mir leid. Ich bin nur gerade echt total gestresst.«

»Gestresst?« Sie bleibt im Türrahmen stehen und zieht die Augenbrauen hoch.

Klar, hört sich ja auch lustig an von einer, die seit Tagen nur im Bett rumliegt und sich langweilt. Größtenteils. Wenn sie nicht gerade im Traum von einer Rockerbande bedroht wird, vor irgendeinem Gericht aussagen soll, damit die Welt nicht untergeht, und ihr die BFF ihres Freundes am liebsten die Augen auskratzen würde … hab ich was vergessen? Ach ja – wie erklärt man das seiner Mutter? Am besten gar nicht. Ich mache mir selbst schon genug Gedanken um meinen Geisteszustand.

Ich seufze. »Es ist nichts. Ich komme schon klar. Darf ich wenigstens ein bisschen fernsehen?«

Meine Mutter verzieht das Gesicht. »Ausnahmsweise. Vielleicht lenkt dich das ein wenig ab. Aber nicht lange, okay?«

Ich schiebe mir ein Ingwerbonbon gegen die Übelkeit in den Mund und fange die Fernbedienung auf, die Mom mir nach kurzem Suchen augenzwinkernd zuwirft. Wenn ich mein Handy hätte, könnte ich wenigstens unauffällig nach dem Zusammenhang von Wahnvorstellungen und Gehirnerschütterung googeln. Moment mal.

»Mom?«

»Was denn?« Sie streckt ihren Kopf noch mal durch den Türrahmen.

»Du hast nicht zufällig Lust, uns zwei Stücke von Jördis' leckerem Kuchen zu holen? Ich brauche etwas Süßes. Und das Mittagessen habe ich ja scheinbar verschlafen.«

»Schlingel. Du bringst mich auf Ideen. Na gut.« Meine Mutter verschwindet hinter der angelehnten Tür. Ich höre, wie sie nach ihrer Jacke greift … wie die Tür ins Schloss fällt … Angespannt zähle ich bis zehn. Gleich geht sie außen am Fenster vorbei. Jetzt.

Ich winke und warte noch mal ein paar Sekunden. Dann robbe ich mich aus dem Bett und spähe ihr nach. Als ich mir wirklich sicher sein kann, dass sie auf dem Weg in die Lobby ist, flitze ich nach nebenan, so schnell mir das möglich ist, und überlege. Wenn ich Mom wäre – wo würde ich das Handy meiner Tochter verstecken? So unauffällig ich kann, stelle ich die ganze Bude auf den Kopf.

Nichts.

Oh Gott, sie wird es doch nicht etwa mitgenommen haben? Empört schnappe ich nach Luft. Vertraut sie mir nicht? Da fällt mir ein, was Kári über die Rocker und die Höhle gesagt hat. Keiner sucht zweimal am selben Ort ... Ha!

Zielsicher ziehe ich das Schubfach ihres Nachttisches auf – und tadaa! Da liegt es in seiner glänzenden, unversehrten Schönheit aus Glas und Aluminium.

»Wie habe ich dich vermisst«, rufe ich entzückt und will es anschalten. Aber nichts tut sich. Wie kann denn der Akku alle sein? Fieberhaft suche ich nach dem Ladegerät. »Oh bitte, nein.«

»Das wollte ich auch gerade sagen«, höre ich eine mir wohlvertraute Stimme hinter mir. Dann fällt mit einem Knall die Tür ins Schloss.

»Mom!« Ich fahre herum und verliere prompt beinahe das Gleichgewicht. Sie lehnt lässig am Küchentresen und hält zwei Teller mit dicken Frucht-Sahneschnitten in den Händen.

»Zwei Stück Kuchen für mich, schätze ich.«

Ich finde ihr plötzliches Auftauchen erheblich weniger amüsant als sie.

Mom dreht sich um, stellt die beiden Tellerchen ab und fischt Teelöffel aus dem Schubfach, Kuchengabeln haben wir keine.

Selbst ihrem Rücken sehe ich die Genugtuung an, mich erwischt zu haben. Beim Diebstahl meines eigenen Smartphones, wohlgemerkt!

»Der Akku ist übrigens nicht alle, sondern lediglich an einem anderen, noch viel sichereren Ort. Gib einfach auf, Elin. Wenn es dir besser geht, bekommst du dein geliebtes Telefon sofort zurück. Aber bis dahin solltest du aufpassen, dass du dir nicht noch ein zusätzliches Handyverbot einhandelst.«

Wieder schnappe ich nach Luft. »Mom! Dafür bin ich zu alt!«

»Offensichtlich nicht«, meint meine Mutter und zwinkert mir zu.

»Ich will einfach nur wissen, wie es Amy geht. Du sagst doch immer, dass ich meine Freundschaften pflegen soll!«

Sie geht nicht darauf ein. »Sahneschnitte?« Sie hält mir einen Teller und ihre leere Hand im Austausch für das Telefon hin. Widerwillig lasse ich es hineinfallen und nehme ihr den Kuchen ab. »Amy geht's übrigens gut, sie genießt den Sommer mit Thorben, viele Grüße. Auch von Nele.«

In einem Comic würde mir jetzt Rauch aus den Ohren blasen.

Meine Mutter begleitet mich zurück ins Bett und deckt mich zu. Immerhin kommt sie nicht auf die Idee, mir die Fernbedienung wieder wegzunehmen. Beleidigt angele ich nach dem Kuchen und fange an zu essen.

Mom geht nach nebenan und klappert weiter auf ihrer Tastatur herum. Ich nehme einen Schluck von dem längst erkalteten Tee auf meinem Nachttisch und zappe durchs Fernsehprogramm.

Eine Kochsendung, ein oller Western, ein Magazin, Nachrichten – alles auf Isländisch. Bis auf den Hollywoodfilm. Aber ich vertrage jetzt kein Wildwestgeballere. Ich schalte zurück und bleibe bei den Nachrichten hängen, auch wenn ich kein Wort verstehe. Dafür sprechen die Bilder für sich. Sie zeigen Wissenschaftler, eine Messstation, seismische Aufzeichnungen und einen rauchenden Vulkan. Von oben. Einer der Weißkittel spricht im Interview Englisch. Ach du Scheiße. Wenn ich das richtig verstehe und mir den Rest zusammenreime, dann ist die Hekla tatsächlich wütend. Ziemlich wütend sogar. Kurz vorm Platzen quasi.

Nicht gut.

Gar nicht gut.

Ich muss so dringend mit jemandem reden!

Die alte Kräuterfrau schob die ausgebreiteten Runen mit den Händen zusammen und füllte sie zurück in den abgegriffenen Lederbeutel, den sie in einer Tasche ihres bodenlangen Wollrocks verbarg. Sie sah sich noch einmal in der Höhle um. So viele Jahre hatte sie hier verbracht. So viele Erinnerungen hafteten an den Felswänden und der spärlichen Einrichtung. Ihr hatte es stets genügt. Bedächtig strich sie mit der schwieligen Hand über die vom vielen Arbeiten und Wischen glatt geschliffene Platte des Holztisches. Sie rückte hier noch einen Deckel gerade, schob dort einen kleinen Tiegel zurecht, dann blies sie den dicken Wachsstumpen aus, der ihr stets Licht gegeben hatte, wenn sie Arzneien zubereitete.

Sie ging hinüber zu ihrem Schaukelstuhl. Zusammengerollt auf dem Schaffell schlief die einäugige, struppige Katze, die ihr in all dieser Zeit Gesellschaft geleistet hatte. Es war erstaunlich, dass es sie immer noch gab. Nach Menschenmaßstäben war das ein Ding der Unmöglichkeit. Aber hier in der Einsamkeit der Felswüste gingen die Uhren anders.

Sie bückte sich und stellte dem Tier ein Schälchen voll verdünnter Milch hin. Die verhärmte Tigerin öffnete ihr Auge und streckte sich gähnend, bevor sie erstaunlich elegant auf den mit dickem Teppich ausgelegten Höhlenboden sprang und genüsslich zu schlecken begann. Jorúnn streichelte ihr zum Abschied über den knochigen Rücken.

»Ab jetzt bist du wieder auf dich allein gestellt, meine weise Freundin. Ich erbiete dir Dank für deine Wachsamkeit und dein Wohlgesinntsein. Ich entlasse dich in Frieden.« Sie neigte ihren Kopf in einer angedeuteten Verbeugung.

Die Katze wölbte sich schnurrend ihrer Hand entgegen und rieb ihren Kopf am Rock der alten Frau, die sich ächzend wieder aufrichtete.

Sie hob ihr bescheidenes Bündel von der Bettstatt und wandte sich zum Gehen. Nach ein paar Schritten hielt sie noch einen Augenblick inne und drehte sich um. »Möge meine Nachfolgerin deiner würdig sein.«

Die Getigerte saß hoch aufgerichtet neben der Milchschale, miaute einmal lang gezogen und sah Jorúnn dabei aufmerksam an.

Jorúnn nickte, atmete tief aus und streckte ihren Rücken durch, bevor sie sich endgültig abwendete. »Asenheil und Wanensegen, Odin. Deine Geschöpfe können es brauchen«, murmelte sie, ohne zurückzublicken.

Das Auge der Katze blitzte einmal kurz auf. So als würde etwas Uraltes, tief in ihr Verborgenes auf Jorúnns letzte Worte reagieren. Als blinzelte für einen kurzen Moment allwissende Einsicht aus dem einzigen Auge der alten Katze, die in deutlichem Kontrast zu ihrem zerzausten Äußeren stand.

Draußen schnaubten Pferde.

»Ich bin bereit«, rief Jorúnn hinaus. »Wir wollen den Rat nicht warten lassen.«

4. Nachrichtenschwemme

»Mein Schaaaatz«, flüstere ich, strecke die Arme aus und reiße so verzückt die Augen auf wie Gollum in *Der Herr der Ringe.* Endlich habe ich mein Handy wieder. Inklusive Akku. Funktionstüchtig! Einsatzbereit! Ich bin wieder ganz!

»Nur eine Stunde am Tag, teil es dir ein«, verkündet Mom energisch und tut so, als ob sie mir meine Schnittstelle zur Außenwelt sonst gleich wieder wegnehmen würde.

Ich nicke und bin schon dabei, es hochzufahren. »Oh Shit«, rutscht es mir heraus.

»Was?« Meine Mutter zieht die Augenbrauen hoch. Wir sitzen in der Hotellobby und trinken Nachmittagstee, mein weitester Ausflug seit Tagen. Den Newsfeed kann ich niemals durcharbeiten. Die Flut an Informationen, Bildern und privaten Mitteilungen erschlägt mich.

»298 Nachrichten«, hauche ich und lasse das Handy schon wieder sinken. Wie soll ich die denn jemals beantworten? »Die halten mich alle für tot – oder für ne Zicke!«

»Das glaube ich nicht«, stellt Mom trocken fest und blättert weiter in ihrer deutschen Zeitschrift, die sie sich aus Reykjavík mitgebracht hat. »Amy und ihre Mutter wissen Bescheid. Die waren ja dabei. Und falls doch: Genieß die Ruhe. Das ist purer Luxus.« Wie aufs Stichwort fängt ihr eigenes Telefon, das neben unseren Tassen auf dem kniehohen Tischchen liegt, zu vibrieren an. Meine Mutter rollt mit den Augen und ignoriert das drängelnde Brummen einfach. Bewundernswert.

»Hmpf.« Ich lasse mich gegen die Lehne der wunderbar gemütlichen Ledercouch sinken und schaue sehnsüchtig hinaus. Regen prasselt in dicken Tropfen gegen die Panoramafensterscheiben und rinnt in dicken Schlieren daran hinunter. Trotzdem beneide ich die lange Kette von sich bewegenden und langsam größer werdenden orangefarbenen Punkten da draußen: Das sind die Rückkehrer von einem Tagesritt durch das Geothermalgebiet. Die wissen nichts von Flüchen und wütenden Vulkanen, wasserdicht eingepackt in ihre Overalls. Die haben es gut. Und verloren gehen kann in dem neonfarbenen Gummizeugs auch niemand.

Ich vermisse das Reiten schrecklich. Da ist man auf Island und darf nicht aufs Pferd, das ist doch grausam! Noch dazu, weil ich ja nicht einfach nur so lostölten will, sondern weil ich ein Ziel habe. Eine Mission. Kári braucht mich bestimmt dringend. Darum fühlt es sich umso grausamer an, dass ich jetzt plötzlich nicht einmal mehr im Traum mit ihm ausreiten darf.

Ich mache mir Sorgen um ihn. Warum meldet er sich nicht? Was ist da los? So eine Funkstille hatten wir schon mal, und am Ende ist mir eine halbe Höhle auf den Kopf gefallen.

Ich könnte heulen. Meine Stimmung passt perfekt zum Wetter. Ich brenne darauf, Amy von meinem doppelten Kummer zu erzählen. Ich schütte ihr doch immer mein Herz aus. Aber wie fasse ich in Worte, was mich wirklich bewegt?

Gar nicht – und das ist vielleicht das Schlimmste von allem. Ich kann es ihr nicht schreiben. Ich kann nicht mal meiner Mom mehr davon erzählen. Mein Blick streift meine lesende Mutter und ein halbes Dutzend fremder Menschen, die sich in der Hotellobby die Regenzeit vertreiben.

Ich komme mir schrecklich allein vor. Unschlüssig starre ich mein Smartphone an.

Mein erstes Foto nach gefühlten hundert Jahren offline sind orangefarbene Kleckse auf verschwommenen Pferdekörpern, aufgenommen durch Regentropfen hindurch. Natürlich spiegelt die Handykamera zum Teil die Lobby zurück. Cool sieht das aus. Als hätte ich stundenlang mit Effekten gebastelt. Eine würdige Rückkehr, beschließe ich, wenigstens das, und schicke mein Lebenszeichen auf die Reise. #Regeninisland #Sommer #Sehnsucht #Islandpferde #Binwiederda #Entzugserscheinungen #Vermisse euchalle

Dann überfliege ich meine Nachrichten. Amy hat mir allen Ernstes ganze zwanzig PDFs mit Hausaufgaben und Schulstoff geschickt. Die klicke ich einfach erst mal weg. Maras Meerschweinchen ist gestorben. Das tut mir voll leid. Ich schreibe ihr einen kurzen Trostgruß. Wir haben offenbar eine neue Lehrerin in Deutsch, Frau Gerstenholm ist in Mutterschutz gegangen. Na, so was. Ich hatte gar nicht mitgekriegt, dass sie schwanger war. Gretchen will die Schule wechseln. Hmm. Sie ist nett, aber mit ihr hatte ich sowieso nie so viel zu tun, obwohl sie in Religion seit einiger Zeit neben mir sitzt.

Ich komme mir vor wie im falschen Film. Abwesend greife ich nach meinem Nordlichtanhänger und spiele an dem schimmernden Stein herum. Die haben Probleme! Mann, wenn die auch nur ahnen würden, was bei mir gerade abgeht. Aber wie soll ich das Amy schreiben? Selbst bei ihr fällt es mir schwer, einen Anfang zu finden. Schnell schließe ich das Menü, bevor sie womöglich merkt, dass ich online bin.

»Die Zeit läuft«, mahnt Mom, ohne hochzusehen.

Ich brauche ein System, sonst verzettele ich mich. Seufzend wechsele ich von WhatsApp zu Instagram. Prioritäten setzen. Amy ist meine wichtigste Freundin. In ihrem Feed gibt es ungefähr hunderttausend neue Fotos von ihr mit ihrem Freund Thorben. Am Baggersee, im Schwimmbad, beim Eisessen.

Nervös öffne ich ein weiteres Fenster und checke im Internet, ob es etwas Neues über die Vulkanaktivität der Hekla gibt. Nur ein bisschen Rauch, lese ich, alles ruhig so weit. Zurück zu Amy und Thorben. Selfies vor dem Kino, im Probenraum (Thorben spielt Schlagzeug), in Amys Zimmer, in Thorbens Zimmer, in der Küche … Es geht endlos so weiter. Ich will fast aufgeben, zu scrollen und zu liken, da kommen Bilder von uns beiden hier in Island. Hier bleibe ich seufzend kleben. Auf dem ersten stehen wir zusammen mit unseren Müttern vor dem Gulfoss-Wasserfall, auf dem nächsten drücken wir unseren Pferden einen dicken Kuss auf die weiche Nase. Im Hintergrund ist der siebenhundert Jahre alte Friedhof bei Arnarbæli. Ich habe immer noch den grandiosen Blick auf das breite Delta der Ölfusá im Gedächtnis. Der Gletscherfluss mündet dort ins Meer. Die Sonne hat sich nach einem Wolkenbruch durchgekämpft, Regenbögen gezaubert und auf dem Wasser getanzt. Und geglitzert. Himmel, ist das alles wirklich erst drei Wochen her?

Die Reihenfolge der Bilder stimmt nicht, es geht wild durcheinander. Die Hallgrímskirkja wechselt mit der gigantischen Fontäne vom Strokkur, dann kommen wieder massenhaft Pferde und schließlich ein Gruppenbild aus dem Klassenzimmer von Magnús Skarphéðinsson. Stolz halten Amy und unsere beiden Mütter ihr Elfendiplom in die Höhe. Ich habe keins. Ich bin geflüchtet, bevor das Bild aufgenommen wurde. Wenn das keine Ironie ist.

Flüchten würde ich jetzt auch gern.

Ich verdaddele mich. Da piept mich Amy im Privatmodus an.

amy_12: Ey, what's up? Lebst du wieder?

Ich: Jaa. Halbwegs Mir ist voll langweilig.

Stopp. Ich bin versucht, den letzten Satz gleich wieder zu löschen. Irgendwie stimmt das nicht. Aber irgendwie auch schon. Ich kaue auf meiner blauen Haarsträhne herum, stecke meinen Anhänger wieder unter den Pulli und tippe weiter.

Ich: Bin aber auch gestresst. Alles grad ein bisschen viel hier.

amy_12: Tut dein Kopf noch weh?

Ich: Ja.

amy_12: Tut mir leid. Hast du das mit der Gerstenholm mitgekriegt?

Ich lege das Handy in meinen Schoß und starre in den Regen. Der Himmel wird immer dunkler. Schwarzviolette Wolken jagen sich über den Horizont. Haben wir uns nichts mehr zu sagen? BFF haben wir uns geschworen, aber kaum sind wir drei Wochen getrennt, und schon ist da nichts außer Small Talk und Schulaufgaben und der blöden Gerstenholm?

amy_12: Bei euch bricht ein Vulkan aus, oder? Cool!

Hilflos starre ich mein Handy an. Warum erinnert sie mich daran? Und: Nein, nicht cool. Beängstigend! Das Ding bricht aus, weil uns irgend so ein Arsch verflucht hat. Der will die Touristen aus Island vertreiben, unsere Welten trennen und unser Blut – ach, was weiß ich, was er damit vorhat. Also, wie schreibe ich das alles?

Ich: Geht so.
amy_12: Alles okay mit dir und Kári?

NEIN!!!, schreit alles in mir. Nichts ist in Ordnung!

Ich: Jupp. Er ist total süß. Wenn ich wieder reiten darf, will er mir einen tollen Wasserfall zeigen, wo man baden und Blaubeeren pflücken kann 😍
amy_12: Soo romantisch! 😍 Thorben hat mich mitgenommen zur Bandprobe. Gesehen?
Ich: Ja, mega.

Amy, wenn du wüsstest, was hier abgeht. Das ist eine Riesenverschwörung, voll gefährlich, und ich stecke mittendrin. Bitte sag mir doch, was ich tun soll?! Mir geht der Arsch auf Grundeis!

»Die Zeit ist um, verabschiede dich.« Mom sieht mich stirnrunzelnd über den Rand ihrer Brille an. »Alles klar bei dir? Infotainment-Overflow?«

Ich nicke stumm. Jetzt nicht heulen, Elin. Beherrsch dich!, mahne ich mich selbst. Auf einmal könnte ich meine Mutter knutschen, dass sie mir das Ding gleich wieder wegnimmt. »Sekunde«, bitte ich und tippe noch schnell eine Abschiedsfloskel.

Ich: Sorry, muss los. Mom erlaubt mir chatten nur ganz kurz.
Soll mich immer noch schonen. Hier regnet's übrigens.
Dabei wollten wir heute ans Meer fahren, an die Südküste.
Mit Gunnar und Raik. 🤮
amy_12: 😃. Oh, der Schnuckel?

Sie und Nele haben Raik ja noch kennengelernt, während ich die ersten Tage mit meiner Gehirnerschütterung flachgelegen habe. Amy fand ihn sofort süß. Ich immer noch nicht.

Ich: Mich nervt der. Immerskgx popomklfghfw …

Mom zieht mir das Handy aus der Hand. Ich kann gerade noch auf Senden drücken.

»Maaannn«, beschwere ich mich so laut, dass ein paar Gäste von der Bar zu uns herübergucken.

Aber meine Mutter ist unerbittlich. »Nix da«, schimpft sie fröhlich und lässt mein Phone in ihrer Jackentasche verschwinden.

Stöhnend lasse ich mich wieder gegen die riesigen Lederkissen plumpsen.

»Gunnar und Raik kommen gleich rüber. Wir haben überlegt, zumindest alle zusammen essen zu gehen, wenn schon das Meer ins Wasser gefallen ist.« Sie kichert über ihren eigenen Witz.

»Essen können wir doch auch hier«, maule ich.

»Ach, komm schon, zur Feier des Tages.« Mom zwinkert mir zu.

»Hmppf«, mache ich und komme mir dabei ziemlich isländisch vor. Erstens finde ich es ganz und gar nicht feiernswert, dass ich für nächste Woche wieder flugtauglich geschrieben bin. Zweitens wundert es mich doch sehr, dass Mom das so super findet. Schließlich hat sie ja mindestens so viel Grund wie ich, unsere Abreise so weit wie möglich wegzuwünschen. Und drittens nervt Raik.

Ich brauche jetzt wirklich meine Ruhe. Ich bin krank. Und beschäftigt.

Ich verstehe ja sogar, dass er nett sein will, dass er kaum Freunde hier hat. Aber ich bin nicht automatisch seine Kumpeline, bloß weil sein Onkel und meine Mom daten.

Raik ist Gunnars Neffe und ein bisschen älter als ich. Seine Mutter lebt in Schweden. Sein Vater, Gunnars Bruder, ist verschollen, als Raik noch nicht mal auf der Welt war. Gruselig. Er ist von einer Gletscherwanderung nicht zurückgekehrt. Seitdem will seine Mom von Island nichts mehr wissen. Jedenfalls verbringt Raik darum die Sommerferien immer allein hier, beim Rest der Familie, ansonsten geht er auf ein schwedisches Internat. Ging. Er hat gerade Abi gemacht. Ich kenne also bereits seine halbe Familiengeschichte. Und auch wenn mich das mit dem Internat brennend interessieren würde – wenn ich Raik danach frage, werde ich ihn garantiert überhaupt nicht mehr los.

Gunnar hatte ihn gerade vom Flughafen abgeholt, als ihn der Alarmruf von Theres erreichte, dass die Hälfte unserer kleinen Wanderreitgruppe die Kloschüssel in der Tourhütte umarmt und gern abgeholt werden möchte. Da wussten die noch nicht mal, dass ich kurz darauf ohnmächtig in einer Eishöhle liegen würde. So gesehen war es perfektes Timing.

Nur dass Raik sich jetzt dummerweise einbildet, in meiner Nähe würden immer spannende Dinge stattfinden und dass er mein Retter sei. Bloß weil er im Jeep meinen Kopf gehalten hat. Und die Spucktüte. Pff. Daran kann ich mich nicht mal mehr erinnern.

»Hi, Leute!«

Und da ist er auch schon. Automatisch sinke ich noch tiefer in die Polster und setze mein Schmerzgesicht auf.

»Hallo, Raik«, begrüßt ihn meine Mutter strahlend.

Dann betritt Gunnar die Halle und nimmt sofort den ganzen Raum ein. Ich finde es immer noch beeindruckend, wie riesig dieser Mann ist. Vor allem, wenn er, wie jetzt, meine Mutter in die Arme nimmt und sie unter seinen Pranken fast verschwindet. Ich würde ihn zu gern mal reiten sehen. Obwohl – vielleicht besser nicht. Auch wenn Islandpferde als Lastenträger bekannt sind, möchte ich nicht dabei sein, wenn dem ersten armen Pferdchen stumpf der Rücken durchbricht. Dabei ist Gunnar kein bisschen dick, er ist einfach nur massig – und eben groß.

Die beiden begrüßen sich ungeniert mit einem langen Kuss. Ich habe das Gefühl, dass alle Gäste sie anstarren. Tun sie natürlich nicht, aber ich schaue trotzdem weg. Prompt treffen sich Raiks und mein Blick.

Er grinst breit. »Schon irgendwie komisch, oder?«

Ich kriege wieder mal heiße Ohren und nicke stumm.

»Im Sommerkino im Dorf läuft heute ein deutscher Film. Wollen wir die beiden überreden, mit uns dahin zu fahren?«

Ich gucke, als hätte er mich gefragt, ob er mir die Fußnägel lackieren soll. »Nicht mehr lange, und ich kann wahrscheinlich wieder mehr deutsche Sachen gucken, als mir lieb ist«, zicke ich ihn an. Gleich darauf tut es mir leid. »War nicht so gemeint«, entschuldige ich mich. »Aber das schaffe ich noch nicht. Mom lässt mich gerade mal eine halbe Stunde fernsehen.«

»Nein, ist okay«, sagt er. »Ich habe nicht nachgedacht. Mein Fehler. Es ist auch kein richtiges Kino. In den Sommermonaten zeigen sie Filme im Gemeindehaus. Dann also lieber was Isländisches?« Er feixt und setzt sich auf die Lehne des Sessels mir gegenüber.

Ich stöhne. Hört der Typ eigentlich nie auf damit?

Zum Glück kommen in diesem Moment Mom und Gunnar zu uns herüber.

»Hungrig?«, fragt Gunnar.

»Immer«, strahlt Raik und hält mir galant seinen Arm hin. Er tut es schon wieder! Als könnte ich nicht allein aufstehen.

Schwungvoll will ich ihm das Gegenteil beweisen – und muss mich tatsächlich kurz auf ihn stützen, weil sich alles zu drehen beginnt. Das macht mich nur noch wütender. Ich fange einen von Moms berüchtigten Blicken auf und beiße die Zähne zusammen. Toll. Natürlich kann ich mich zusammenreißen. Aber ich will nicht. Boahhhh!

»Wir könnten doch wirklich einfach hier essen«, versuche ich es noch einmal.

Gunnar schüttelt den Kopf. »Wir wollten etwas mit dir besprechen. Aber nicht hier.«

Oh Gott, nein. Was kommt jetzt? Die kennen sich doch gerade erst ein paar Wochen? Bitte keinen Heiratsantrag oder so was. Ich bin dafür echt noch nicht bereit. Oder ist Mom schwanger?

Nimmt meine Mutter die Pille? Ich habe wirklich keine Ahnung! Amys Mutter könnte das wissen. Die beiden sind ja dick befreundet.

»Kann ich mein Handy noch mal haben?«, hauche ich tonlos. »Ich habe vergessen, Amy was zu fragen.«

»Netter Versuch. Vergiss es«, lacht Mom und schiebt mich und Raik Richtung Ausgang.

Der hat ebenfalls Antennenohren bekommen. Also weiß er genauso wenig wie ich, was hier abgeht. Ist das ein gutes oder ein schlechtes Zeichen? Und wieso muss der überhaupt dabei sein, wenn es um die Zukunft meiner Familie geht? Das tut es doch, oder? Ich starre ihn an. Raik hebt die Schultern. Das bringt mich auch nicht weiter.

Eine halbe Stunde später sitzen wir in einem netten kleinen Restaurant in Hveragerði. Kjöt & Kúnst heißt es und wirbt mit *geothermal cooking*. Das heißt nichts Geringeres, als dass die Speisen tatsächlich alle mit Erdwärme zubereitet werden. Wie cool ist das denn! Eigentlich. Im Moment hat alles, was mit Lava und Vulkanen zu tun hat, einen schwefelig schalen Beigeschmack. Und außerdem finde ich es auch viel zu früh zum Abendessen.

An der linken Außenwand sehe ich eine Art Outdoorküche, die mich ein bisschen an Camping erinnert, nur dass die Pfannen und Gartöpfe Schulmensagröße haben.

»Klasse, oder?«, klopft Raik schon wieder bei mir an und hält mir die Tür auf. Dabei strahlt er, als hätte er das für Zahnpastareklame geübt. Er sieht wirklich gut aus. Da hat Amy schon recht. Aber ich habe schon einen Freund.

»Hmm«, mache ich. Mich erinnert allein schon der große Dekokübel voller Lavabrocken am Eingang, aus dem es zischt und dampft, einfach nur an die Hekla und die unsichtbare Bedrohung über uns allen.

»Kommt es eigentlich häufig vor, dass hier Vulkane ausbrechen?«, frage ich, sobald wir an einem der Tische Platz genommen haben. Die Einrichtung erinnert mich ebenfalls an eine Mischung aus Schulmensa und Camping. Natürlich netter eingedeckt, mit Tischdecken, Blumen und hübschen Servietten.

»Erdbeben sind häufiger«, grinst Raik, noch bevor Gunnar antworten kann.

»Das stimmt«, sagt sein Onkel dann. »Es rumpelt hier schon immer mal. Aber nicht so schlimm und so oft, wie ihr vielleicht denkt.« Er lächelt Mom augenzwinkernd zu.

Ich kaue nervös auf meiner Unterlippe herum, und Mom läuft knallrot an. Meine Mutter wird rot! Bei allem Übel, jetzt muss ich trotzdem mitgrinsen.

Plötzlich haben Raik und ich etwas gemeinsam. Unsere Blicke treffen sich kurz, und schon legt er nach. »Die Straße runter im Einkaufszentrum gibt es einen Erdbebensimulator. Wollen wir nachher mal hin? Da kann man sich auch ansehen, was das große Beben 2008 angerichtet hat. Es gibt eine kleine Ausstellung, und mitten durch den Supermarkt läuft der lange Riss, der oben im Thingvellir dann als kilometerweiter Graben rauskommt.

»Ach was«, sage ich leise und fasse verstohlen nach dem Nordlichtanhänger um meinen Hals.

Meine Mutter schluckt ebenfalls, auch wenn in ihren Augen schon wieder die Abenteuerlust hervorblitzt.

Gunnar lacht dröhnend. »Na, wollt ihr jetzt doch lieber so schnell wie möglich nach Hause?«

»Quatsch«, sagt Mom. »Das hättest du wohl gern.«

»Auf gar keinen Fall!«, stimme ich zu, und wir klatschen uns ab. So einig sind wir uns selten. Mom macht wieder eine ihrer Mikrogesten mit den Augen, und ich flöte gehorsam: »Klar, gern, Raik. Wenn es dann nicht mehr regnet?!«

Eine supernette Kellnerin mit Pferde-Tattoo auf dem Unterarm und Augenbrauenpiercing bringt unsere Getränke. Ich habe immer noch nicht in die Speisekarte gesehen, und jetzt bin ich schon wieder abgelenkt. An den Wänden hängen großformatige Fotografien von der isländischen Landschaft. Ich schwelge einen Augenblick und verliere mich in einem Motiv mit Gischt und Wellen an einem felsigen Sandstrand. Ich könnte schwören, dass ein paar Meter hinter dem Fotografen, verborgen zwischen hohen Klippen, der Eingang zu einer Höhle ist. Und davor muss man aufpassen, dass man nicht zu tief in trügerischen Sandboden einsinkt. Auf meinen Unterarmen stellen sich die Härchen auf.

»Gibt es eigentlich Treibsand in Island?«, denke ich laut.

»Öhm.« Dazu fällt Raik so schnell nichts ein. Ha!

Gunnar runzelt die Stirn. »Manchmal darf man nicht zu dicht an die Sandbänke im Meer reiten. Dann stehen da Warnschilder. Aber dass richtig etwas passiert ist, liegt lange zurück. 1997 war das, glaube ich. Nach dem Ausbruch eines Vulkans unterhalb des Vatnajökull-Gletschers im Jahr zuvor ist an der Ringstraße südlich vom Vulkan ein Mann aus Reykjavík umgekommen. Er ist zu nahe an den Sand um den Eisberg herangegangen. Seine Leiche hat man nie gefunden.«

»Der Arme!«, sagt Mom.

»Bei aller Schönheit ist es auch ein gefährliches Land, wenn man seine Regeln nicht beachtet. Er hätte es besser wissen müssen«, meint Gunnar. »Trotzdem sehr bedauerlich. Wisst ihr schon, was ihr essen wollt?«

Ich entscheide mich für eine Gemüsesuppe und spekuliere auf ein großes Stück Kuchen zum Nachtisch. Was ich beim Reinkommen in der Glasvitrine gesehen habe, sah umwerfend aus. Ich könnte hier ständig Kuchen essen. Und Schokolade. Aber die ist sauteuer.

»Wir wollten euch noch etwas mitteilen«, sagt Mom schließlich, als die Kellnerin serviert hat und wir gerade unser Essen in uns hineinschaufeln. Sie räuspert sich, und Gunnar nimmt ihre Hand. »… also vorrangig dir, Elin.«

Jetzt kommt's. Ich halte die Luft an.

»Gunnar und ich …« Sie sieht ihn verliebt an, und ich kann nicht anders, als mit den Augen zu rollen. Raik kichert, als er Moms Blick als Reaktion darauf sieht, und Gunnar tritt ihn unterm Tisch gegen das Schienbein.

»Au.«

Mom seufzt. »Also. Gunnar hat mir ein Jobangebot gemacht, Elin.«

Oh, dem Himmel sei Dank, ich bekomme keinen kleinen Bruder. Und auch keine Schwester. Und keinen Heiratsantrag. Also Mom. Nicht ich. Puh.

Sie redet weiter. »Du hast ja mitbekommen, dass ich schon länger keine wirkliche Lust mehr auf diese freien Marketingprojekte hatte –«

»Habe ich?« Ich ziehe die Augenbrauen hoch. Bislang dachte ich immer, Mom genießt es, von zu Hause arbeiten zu können. Sie ist als Werbetexterin und Webdesignerin ziemlich gefragt. Das Geschäftliche wickelt sie meist über Videokonferenzen oder übers Internet ab. Ihr Bonus für die letzte Kampagne hat uns die Reise hierher ermöglicht.

»Jedenfalls würde ich das hier gern ein paar Wochen lang ausprobieren. Ich könnte Gunnar helfen, sein wunderbares Hotel ein bisschen bekannter zu machen«, fährt meine Mutter fort. »Ich dachte, es wäre daher sicher gut, wenn du in das isländische Schulsystem hineinschnuppern oder dir eine internationale Schule anschauen könntest. Nur für den Fall. Aber hier haben die Sommerferien bereits angefangen, auch bei den internationalen Schulen.«

Mein Herz schlägt schneller. Moment mal, das würde ja heißen, dass wir … dass ich … dass … Mir wird schwummerig. Auf einmal ist es ziemlich heiß hier drin.

Mom sieht mich besorgt an. »Wenn du das blöd findest, also … ich werde das nicht ohne dich entscheiden … aber ich dachte … und Gunnar braucht gerade jetzt in der Hochsaison jemanden für das Marketing und die Kommunikation im Hotel. Es kommen stetig mehr Gäste und … Elin? Was ist mit dir? Elin?«

Ich schnappe nach Luft. Und dann rutsche ich unter den Tisch. Als ob ich auf einmal zweidimensional wäre. Platt. Wie ein Stück Papier. Witzig, denke ich noch. Dann knipst jemand das Licht aus, und alles wird schwarz.

Elin?

Kári stolperte rückwärts aus der Höhle, griff nach Mánadís' Mähne und schwang sich auf ihren Rücken. Die Schimmelstute hatte wie immer am Eingang auf ihn gewartet. Diesmal allerdings nicht entspannt grasend, sondern mit aufgeblähten Nüstern und Schweiß auf der Brust.

Die Einsiedelei der alten Frau war nicht direkt verwüstet, aber sie war besucht worden. Von Fremden. Von groben, rücksichtslosen Wesen. Das war offensichtlich. Kein Huldú würde solches wagen. Ein Krug lag zerbrochen auf dem Boden. Das Schubfach in Jorúnns Tisch war gewaltsam aufgehebelt worden. Und es roch unangenehm. Nach verdorbenem Öl und verschwitztem Leder. Die Besucher konnten noch nicht lange fort sein, da ihr Körpergeruch noch schwer in den Felsen hing.

Dennoch war schwer zu sagen, was zuerst geschehen war: Ob Jorúnn ihren Rückzugsort freiwillig aufgegeben hatte? Aber warum? Wohin war sie gegangen? Wieso jetzt und wieso ohne eine Nachricht? So viele Winter war sie ihm eine verlässliche Ratgeberin gewesen, eine Vertraute.

Die weise Kräuterfrau genoss höchstes Ansehen unter den Huldú, obwohl sie keine der ihren war. Nicht wenige hatten Angst vor ihr, und es genügte, unartigen Kindern mit ihrem Namen zu drohen, um sie zur Vernunft zu bringen. Niemand wollte zur alten Jorúnn in die Felsenwüste gebracht werden, damit sie ein Mus für die Trolle aus ihnen kochte.

Kári schüttelte unwillig den Kopf bei der Erinnerung. Jorúnn tat keiner Fliege etwas zuleide.

Sie war schon immer da gewesen, seit Kári sich erinnern konnte. Wann immer er nicht weiterwusste mit einem verletzten oder kranken Tier, war sie wie selbstverständlich an seiner Seite gewesen – und sie hatte ihn mit Elin zusammengeführt. Warum, das hatte er nie wirklich aus ihr herausbekommen. Die Runen hätten es ihr gesagt. Das war alles, was er ihr je hatte entlocken können.

Und nun war sie gegangen. Ohne ein Wort verschwunden. Oder hatte jemand sie zum Gehen gedrängt, womöglich sogar gezwungen? Aber wieso sollte sich ein Eindringling und Entführer die Zeit nehmen, Feuer und Licht zu löschen, Töpfe und Geschirr zu spülen und die Glut ordentlich zusammenzukehren? Kári sah nichts Verderbliches in der Höhle. Alle Vorräte waren aufgebraucht oder lange haltbar, wie die getrockneten Kräuter. Es wirkte nicht so, als plane Jorúnn, in Kürze zurückzukehren.

Sie hatte nie viel besessen. Darum war schwer zu sagen, ob und was fehlte. Außer der einäugigen Katze. Sie war fort. Und das war mindestens ebenso ungewöhnlich wie der gesamte Rest.

Unwillkürlich glitten Káris Augen über den festgestampften Boden vor dem Höhleneingang, aber selbst sein geübter Blick fand keine verwertbaren Spuren. Wer immer hier gewesen war, hatte Wert darauf gelegt, unerkannt zu bleiben.

Kári wendete Mánadís und ritt langsam talwärts davon. Er musste seinem Vater davon berichten. Und Elin.

Elin!

Eine kalte Faust umklammerte sein Herz. Wenn Eindringlinge von außen Jorúnns Höhle gefunden und geschändet hatten – vielleicht hatte

Freyja dann doch recht, und es wäre nur noch ein winziger Schritt, bis sie nicht mehr vor Gunnars Hof zurückschrecken würden? Dann waren Ljósadís und Ljóri dort nicht länger sicher.

Er klickte mit der Zunge und ermunterte Mánadís zu ihrem schnellsten Tölt. Sie durften keine Zeit verlieren, er würde die Ältesten um weitere Wachen bitten. Der Rat tagte im Tempo alter Frauen und Männer. Dennoch – sie würden bald ihre Entscheidung verkünden. Die Mondscheibe wuchs jede Nacht ein Stückchen weiter. Es fehlte nicht mehr viel bis zum Vollmond. Was immer die Männer um den Goden vorhatten, um die Prophezeiung zu lenken oder aufzuhalten, sie würden es davor tun.

5. Ein Riss geht durchs Land

Elin?

Ganz kurz nur sehe ich Káris ebenmäßiges Gesicht vor mir. Besorgt streckt er die Hände nach mir aus. Dann schlägt erneut eine schwarze Flutwelle über mir zusammen, und ich verliere jegliche Orientierung.

»Elin!«

Als ich zurück an die Oberfläche gespült werde, liege ich auf dem Fußboden des Restaurants. Raik hält meine Beine an den Knöcheln senkrecht in die Höhe. Das könnte das Pulsieren und den Druck unter meiner Schädeldecke erklären. Aber nicht er ist es, der auf mich einredet.

Mom hockt über mich gebeugt neben mir und ohrfeigt mich in einer Tour.

»Aua!«, beschwere ich mich und ernte vielstimmiges Lachen. Es scheint so, als ob das halbe Restaurant eine neugierige Traube um mich herum bildet und vielstimmig gurrend Kommentare abgibt. Empört stütze ich mich auf meine Ellbogen. Sofort kommt Bewegung in den Schwarm.

»Wirst du öfter mal ohnmächtig, bevor der Nachtisch kommt?«, fragt Raik, gut gelaunt wie immer.

»Klar«, brumme ich. »Was glaubst du wohl, wie ich sonst meine Linie halten könnte? Du kannst meine Beine jetzt übrigens loslassen.«

Gunnar lacht dröhnend und klopft seinem Neffen auf die Schulter. »Eins zu null für Elin.« Dann gibt er auf Isländisch Entwarnung an die übrigen Gäste und die Belegschaft.

Raik lässt endlich los, und alle wenden sich wieder ihren Mahlzeiten zu. Gunnar und Raik gehen an den kleinen Getränketresen hinüber, um uns einen Moment allein zu lassen. Mom hilft mir auf und schiebt meinen Stuhl zurecht.

»Was war das denn?«, fragt sie. »Hast du dir wehgetan?«

Ich schüttele den Kopf. Mein Gehirn fährt immer noch Karussell, und meine Gedanken drehen sich mit ihm im Kreis. Amy. Schule. Freunde. Kári. Ljósadís. Hannover. Abi. Welt retten. Amy. Schule. Freunde. Kári. Ljósadís. Hannover. Abi …

»Heißt das, wir bleiben in Island?«, frage ich, bevor mir wieder schwindelig wird.

Mom legt den Kopf schief. »In diesem Moment bin ich mir ziemlich unsicher, wie zuträglich dieses Land deiner Gesundheit ist.« Sie schielt kurz zu Gunnar, der mit Raik am Tresen steht und unser Essen bezahlt. Anscheinend gibt ihm der Barmann auf den Schreck hin gerade einen Brennivín aus, einen dieser typisch isländischen Schnäpse. Vielleicht gut, dass er nicht hört, was mich ausgeknockt hat.

»Ich glaube, wir fahren lieber noch mal ins Krankenhaus und lassen dich durchchecken.« Besorgt sieht sie mich an.

»Bitte nicht, Mom. Alles gut. Ich glaube, ich habe einfach Panik gekriegt. Ich liebe Island. Du weißt das. Aber ich weiß nicht, ob ich wirklich für immer weg von unserem Zuhause will. Und so plötzlich. Ich meine, versteh das bitte nicht falsch, Mom. Aber für immer ist eine ziemlich lange Zeit, oder?«

»Oh«, sagt Mom nur. Ich sehe die Enttäuschung in ihrem Gesicht und wie sie versucht, diese zu verbergen. Flüchtig sieht sie wieder zu Gunnar. Dann bleibt ihr Blick bei mir, und sie nickt. »Das verstehe ich. Und glaube mir, ich habe auch Angst vor diesem Schritt. Darum ja auf Probe.«

»Auf Probe«, sage ich und seufze tief. Ich bin total zerrissen. Wenn ich an die Möglichkeit denke, hier bei Kári, Ljósadís und Ljóri zu sein – etwas Schöneres kann ich mir gar nicht vorstellen. Und habe ich mir nicht genau das tief in meinem Inneren gewünscht?

Ja!

Einerseits!

Denn gleichzeitig habe ich wirklich eine Riesenangst vor dem Unbekannten. Vor diesem ganzen Unheil, das sich da offenbar über uns zusammenbraut. Ehrlich gesagt würde ich am liebsten davor weglaufen. Schreiend sogar. Und so schnell ich kann. Ich bin ein Gewohnheitstier. Ich ticke wie ein Pferd, sagt Amy. Ich brauche Struktur, Beständigkeit, Ordnung. Meinen ganzen Freundeskreis aufgeben zu müssen, meine vertraute Umgebung, das macht es nicht einfacher, mutig zu bleiben. »Können wir heute Abend noch mal reden? Unter vier Augen?«

»Natürlich.« Mom küsst mich auf die Stirn. »Das hätte ich zuerst tun sollen. Ich habe es falsch eingeschätzt. Das tut mir so leid. Frische Luft?«

Ich nicke. Es hat aufgehört zu regnen. »Äh. Kann ich vielleicht jetzt mein Handy noch mal wiederhaben?«

»Oh Schatz. Das tut mir leid. Das liegt zu Hause. Später. Okay?« Sie sieht mich bestürzt an.

Geschickt, denke ich. Sie hätte Schauspielerin werden können.
»Und mein Nachtisch?«

Sie strubbelt mir über den Kopf, als wäre ich wieder acht Jahre alt. »Den lassen wir uns einpacken. Was soll's sein, junge Dame?«

Arm in Arm schlendern wir durch die verträumten, menschenleeren Straßen eines Wohngebiets in Hveragerði. Ich bin noch ein wenig wackelig auf den Beinen, aber ich will um keinen Preis, dass sie den Ausflug wegen mir abbrechen. Oder dass Mom mich doch noch zum Arzt schleift. Und es geht mir auch schon wesentlich besser. Gunnar hat Raik offensichtlich eingeschärft, mich mit dem isländischen Schulsystem und den Vorteilen einer internationalen Schule im Allgemeinen und Internaten im Besonderen vorerst in Ruhe zu lassen.

Die beiden gehen ein bisschen voraus, denn Mom und ich bleiben alle paar Meter stehen. Wir entdecken fast in jedem zweiten Garten winzige, liebevoll dekorierte Miniaturhäuschen. Das sind Ersatzbehausungen für die Elfen, wie wir inzwischen wissen. Sie sollen sich wohlfühlen und den menschlichen Grundstücksgenossen gewogen bleiben. Wir fotografieren mit Moms Smartphone und staunen und bewundern.

Raik bemerkt, dass sich unser Abstand vergrößert, und bremst Gunnar. Er bemüht sich wirklich, und ich weiß das zu schätzen. Er kann nicht mal was dafür, dass ich dauergenervt bin, aber ich komme nicht dagegen an. Er ist eben nicht dieser eine, ganz besondere, unbegreifliche Pferdejunge. Ich habe Angst um Kári und die Pferde und fühle mich total hilflos. Es ist zu viel, was auf mich einprasselt.

Dazu habe ich immer noch ständig Kopfschmerzen, und wenn die gerade mal Pause haben, übernimmt die Übelkeit die nächste Schicht.

Ein Teil von mir findet es einfach nur himmelschreiend ungerecht, dass es so leicht wäre, mit jemandem wie Raik zusammen zu sein – falls Amy recht hat und er mich toll findet, und das sieht ja vielleicht wirklich ein bisschen so aus. Und auf der anderen Seite sind da so unglaublich viele Hindernisse, was Kári und mich angeht. Von Verschwörungen und Katastrophen mal ganz abgesehen. Für seine Familie bin ich so was wie die Oberhammer-mega-Ausländerin. Und so unsichtbar wie die für uns.

Gunnar dreht sich zu Mom und mir um. »Wollt ihr die Erdbebenausstellung vielleicht heute lieber auslassen?«, ruft er zu uns herüber.

»Ja«, ruft Mom, und ich widerspreche zeitgleich: »Nein!«

Gunnar lacht wieder. »Na, dann entscheiden wir das nachher spontan.«

Er dirigiert uns auf die andere Straßenseite, wo ein kleines Gewächshaus den Eingang zu einer parkähnlichen eingezäunten Anlage bildet. Wir sind die einzigen Besucher in dem kleinen Geothermalpark. Gunnar hält einen kurzen Plausch mit dem jungen Mann, der uns, ohne Eintritt zu verlangen, durchwinkt. Ich glaube, er wollte eigentlich gerade schließen. Aber Gunnar scheint hier alle und jeden zu kennen. Noch mehr als das fasziniert mich allerdings die riesige Bananenstaude, die in dem kleinen Gästecafé in einem fassgroßen Kübel steht und tatsächlich Früchte trägt. Hammer.

Wir verzichten auf eine geologische Führung und wandern allein über geschotterte Pfade, die vom Wasserdampf stellenweise komplett eingenebelt sind, bleiben an Hinweisschildern stehen und lesen uns schlau über die geothermale Aktivität hier. Raik und Gunnar erzählen auch ganz viel. Ziemlich cool, wie viel die beiden über ihr Land wissen. Ich glaube nicht, dass ich auch nur halb so viel Ahnung von Deutschland habe.

Kleine und größere Blubberfontänen mit kochendem Schlamm wechseln mit heißen Quellen und tiefen Löchern in vielfarbigem Gestein und Ablagerungen in Gelb, Rot, Braun und Blau, aus denen es dampft und brodelt und nach Schwefel stinkt.

Nach dem Rundgang winkt Raik uns an ein kleines, rechteckiges Becken mit knietiefen Holzbänken. Es wird aus dem dampfenden Bachlauf gespeist. Er zieht eine Plastikwanne aus einem Outdoorregal und bedeutet uns, es ihm nachzutun und Matsch hineinzuschaufeln.

»Schlammbad«, ruft er begeistert, streift seine Schuhe und Socken ab und tunkt Hände und Füße in die Pampe.

»Aha«, sage ich und schaue zu Mom.

»Was soll's?!«, lacht die und greift zur nächsten Wanne. »Wenn's schön macht?!«

Skeptisch tue ich es ihr gleich. Aber das anschließende Fußbad im Becken, nachdem wir die therapeutische Schlammsoße wieder abgespült haben, gefällt mir wesentlich besser.

Nach und nach füllt sich der Park. Wir sind nicht länger die Einzigen, die gemerkt haben, dass der Wind die Regenwolken vertrieben und die Sonne wieder freigezaubert hat. Zeit für uns zu gehen.

Mom und Gunnar vertrauen meinem Kreislauf wieder. Das bedeutet, sie gehen uns Händchen haltend voraus zum Wagen.

Wir nehmen einen kleinen Umweg am Ortsrand entlang, weil da so ein schöner Bachlauf ist. Raik und ich schlurfen ein wenig befangen hinterher. Ich bekomme ein paar Regentropfen ab. Blinzelnd schaue ich nach oben. Es zieht sich wieder zu. Aber das ist nichts Ungewöhnliches hier. Feuer und Eis. Regen und Sonne. Wind und Sturm. Nirgendwo sonst habe ich Wetter und Naturgewalten so intensiv erlebt. Natürlich könnte ich es hier aushalten. Wenn nur …

»Was denkst du?«, will Raik wissen. »Darf ich?« Er wischt mir vorsichtig einen Regentropfen von der Wange und lächelt schief.

Ich schaue ihn an und will irgendwas Belangloses, aber Nettes antworten. Da sehe ich schräg hinter ihm in einiger Entfernung ein orange-blaues Stück Stoff in einem Busch flattern.

»Warte mal«, sage ich abgelenkt und trabe los, ohne mich um irgendwen oder irgendwas sonst zu kümmern. »Nee, ich meine, geh bitte schon weiter und sag Mom Bescheid. Ich komme gleich nach!«

Ich spüre Raiks verwunderten Blick in meinem Nacken und einsetzenden Nieselregen in meinem Haar, aber dann schüttele ich auch das ab.

Diesen Schal kenne ich. Das ist meiner. Den habe ich mir auf der Klassenfahrt im Hard Rock Cafe in Köln gekauft. Damit habe ich Blikas angelaufenes Bein gekühlt, als sie lahmend vor dem Flughafen stand. Da war ich keine zehn Minuten in diesem Land. Kurz danach habe ich Kári kennengelernt. Das Tuch ist eine Dauerleihgabe an ihn. Damit er mich nicht vergisst und immer bei sich hat.

Warum hängt es jetzt in Hveragerði im Gestrüpp?

Als ich näher komme, sehe ich ein Kleiderbündel hinter dem Strauch liegen. Wer wirft denn hier seinen Müll in die Landschaft?, denke ich noch und pflücke meinen Schal aus den Zweigen. Da bewegt sich der Haufen und rollt sich wie ein Igel auseinander. Einen Moment lang bleibt mir das Herz stehen.

»Kári«, quietsche ich, fasse mir unwillkürlich an die Brust und umklammere meinen Nordlichtanhänger. Ich beuge mich zu ihm hinunter und sehe mich ganz kurz nach den anderen um. Die sind ein Stück weiter gegangen und bestaunen die Stromschnellen des kleinen Flüsschens.

Ich hocke mich zu dem am Boden kauernden Huldújungen. Er strahlt, als er mich sieht, aber er sieht furchtbar aus.

Elin.

»Was ist denn los?«

Kári atmet schwer. Er ist blass und verschwitzt. Die blonden Locken kleben ihm dunkel an den Schläfen.

Alarmiert schaue ich mich um. »Wo ist Mánadís?«

Kári schüttelt den Kopf und streckt den Arm aus, um mir eine meiner blauen Strähnen hinters Ohr zu schieben, so wie er es immer tut. Seine Hand zittert. Aber diesmal vor Erschöpfung, glaube ich.

Sie ist zu Hause. Zu auffällig. Ich bin hergelaufen.

»Die ganze Strecke?«

Er nickt. Ich nehme seine Hand. Selbst das Britzeln, das immer einsetzt, wenn wir uns berühren, ist schwächer als sonst. Ich habe längst aufgegeben, ihn zu fragen, woher er immer weiß, wo er mich findet. Dafür gehen mir jetzt tausend andere, viel wichtigere Dinge im Kopf herum.

»Aber wieso? Was ist passiert? Warum bist du nicht einfach im Traum …?« Ich breche ab und reiße die Augen auf. »Du hast vorhin versucht, zu mir durchzukommen, oder? Als ich ohnmächtig geworden bin! Kári, was ist denn nur los?«

Jorúnn ist verschwunden. Ich weiß nicht, was geschehen ist. Auch Freyja ist fort. Das gefällt mir nicht. Elin, hör mir zu.

Gehetzt sieht er sich um und lauscht einen Augenblick, bevor er wie immer weiterspricht, ohne die Lippen zu bewegen. Er schaut mir eindringlich in die Augen. Seine Stirn ist tief gefurcht.

Lass dein Nordlicht immer um! Leg es niemals ab. Es schützt dich. Ich habe geträumt. Von Odins achtbeinigem Pferd. Es hat Mánadís und mich vor einem Erdrutsch gewarnt, der alles unter sich begraben würde. Wir waren im Süden. Bei Vík am Strand. Dann ist es verschwunden, und da saß nur noch unsere alte, einäugige Hofkatze. Unter einem Blaubeerstrauch. Sie hat mich so klagend angemaunzt und ist auf meinen Arm gesprungen. Dann wurde ihr Auge zu einem roten Strom aus Lava. Ich musste sie loslassen. Die Hitze war unerträglich.

Er schaudert, und seine froschköniggrünen Augen nehmen die Farbe von nassem Moos an. Hektisch und abgehackt sprudelt es weiter aus ihm heraus.

Einauge hat sich aufgelöst in einen Feuerregen, aus dem zwei Raben entstiegen und aufgeflogen sind. Hoch in den Himmel, bis ich sie nicht mehr sehen konnte. Sie wirkten so glücklich und frei.

Erschüttert sieht er mich an.

Elin, was heißt das? Werden alle sterben? Kannst du es mir sagen?

Er knetet abwechselnd mein Halstuch und meine Finger und sieht so verzweifelt dabei aus. Was ist das für eine wirre Geschichte? Grauenvoll!

»Niemand wird hier sterben!«, widerspreche ich ihm und meiner eigenen Gänsehaut, so heftig ich kann. »Wie kommst du auf so einen Blödsinn? Wir schaffen das schon!«

Ich schließe meine Arme um ihn und hoffe inständig, dass das auch stimmt.

Kári zittert wie Espenlaub. *Jorúnn ist fort. Sie hat mir immer geholfen, meine Träume zu deuten.* Seine Stimme ist nicht mehr als ein Wispern direkt in meinem Herzen. *Hilf mir, Elin. Lass mich nicht allein.*

»Das werde ich niemals tun«, verspreche ich, und wir halten uns ganz fest. »Wie kommst du darauf? Alles wird gut.«

Ich spüre, wie er schluckt.

Ich sage übermorgen Abend vor dem Althing aus.

»Und ich? Soll ich denn nicht mitkommen? Wir könnten doch zusammen –«

Er schüttelt den Kopf. *»Nein. Auf keinen Fall. Denk dran. Zusammen sind wir nicht sicher. Du wirst eine Nachricht bekommen. Ich muss gehen. Bitte wünsche mir Glück und den Segen der Götter.*

»Alles wird gut«, wiederhole ich und bete tatsächlich, dass das die Wahrheit ist. »Ich bin da«, versichere ich ihm und presse mich noch einmal an ihn. Ich spitze meine Lippen, aber mein Kuss ist nur ein Windhauch.

»Mit wem sprichst du?«

Mein Herz setzt einen Schlag aus. Ich fahre herum und springe auf, damit ich Raik mit meinem Körper die Sicht versperren kann. Mist! Ich hab doch gesagt, er soll schon vorgehen!

»Mit niemandem. Ich dachte, ich hätte was im Gebüsch gesehen. Ein verletztes Tier, oder so. Aber da war nichts.« Ich vergewissere mich unauffällig, aber Kári ist fort. Als hätte er sich in Luft aufgelöst.

»Sicher?« Raik beugt sich neugierig vor und guckt mir über die Schulter. »Ich hätte schwören können, dass ich etwas gehört habe.« Enttäuscht dreht er sich zu mir. Dann lacht er schon wieder. »Oder sprichst du am Ende auch mit dem Verborgenen Volk, genau wie meine Großmutter?«

»Na klar, sonst noch was? Soll ich dir vielleicht ein Einhorn einreiten?« Mir wird siedend heiß, und ich hoffe nur, dass er das nicht ernsthaft glaubt. Und dass Kári schon wieder ganz weit weg ist und das nicht mitbekommt.

Mom wird Raik doch nichts von meinem unsichtbaren Freund erzählt haben, oder? Ich muss dringend meine Gedanken sortieren. Ich drehe noch durch. Es geht schon wieder los, und mein Gedankenkarussell rollt an. Kári. Ljósadís. Hannover. Abi. Welt retten. Katze. Jorúnn. Amy. Schule. Freunde. Kári. Ljósadís. Hannover. Abi. Welt retten. Katze. Jorúnn. Amy. Schule. Island. Deutschland.

Einen Moment lang bin ich versucht, Raik anzuschreien und zu sagen, das ich hinter diesem Busch nur mal ganz dringend Pipi machen muss und ob er mich nicht einfach mal in Ruhe lassen kann. Aber das wäre wirklich gemein. Also stelle ich mir nur mit Genugtuung sein verblüfftes Gesicht vor und lasse es. Zumal ich mich einen Moment lang an seinem Jackenärmel festhalten muss, weil mein Kreislauf das plötzliche Aufspringen gar nicht so gelungen fand.

Galant stützt er meinen Ellbogen und legt mir vorsichtig einen Arm um die Taille.

»Geht schon wieder, danke«, murmele ich.

Der Regen wird stärker. Ich genieße die Tropfen auf meiner Haut und würde mich nicht mal mehr wundern, wenn es zischen würde.

Káris Albtraum beschäftigt mich. Dann kommt mir plötzlich eine Idee.

»Sag mal, kennst du dich mit nordischer Mythologie aus?«, frage ich Raik, während wir langsam zu Mom und Gunnar gehen.

»Ein bisschen, wieso?«

»Gibt's da irgendwelche Geschichten mit Blaubeeren? Oder einäugigen Katzen?« Das achtbeinige Pferd lasse ich lieber weg. Das klingt zu abgefahren. »Und wer war noch mal Odin?«

Raik legt sich ins Zeug. Ich spüre, wie er die Schultern durchdrückt. Endlich kann er punkten.

»Odin ist der allwissende Allvater mit den flammenden Augen. So ähnlich wie Zeus bei den alten Griechen. Wobei er ein Auge geopfert hat, um Weisheit, Erkenntnis und Wissen zu erlangen. Dafür helfen ihm seine beiden Raben. Hugin und Munin halten ihn auf dem Laufenden über alles, was auf der Erde passiert. Am coolsten finde ich sein Pferd. Sleipnir hat acht Beine. Stell dir das mal im Tölt vor. Hammer, oder?« Er lacht wieder. »Ach nee, das wäre dann eher Thor.«

Ich schaue ihn begriffsstutzig an. »Hä? Was wäre Thor?«

»Thor. Der mit dem Hammer. Das ist Odins Sohn. Der Donnergott. Ach ja. Zwei Wölfe hat Odin auch noch. Hast du schon mal einen Wolf gesehen?«

»Hmm. Im Zoo. Und Thor im Kino. Marvel Comics. Da hat er auch einen Hammer.«

»Ja, muss er ja. Aber Blaubeeren. Nein, keine Ahnung ...«

Ich höre nur noch halb zu. Das ergibt doch alles keinen Sinn. Lava aus dem Auge einer Katze. Wieso träumt Kári so was? Und wieso glaubt er, dass ich das deuten könnte? Natürlich grübele ich weiter. Noch eine Baustelle. Blaubeeren. Am Strand wachsen die ganz sicher nicht. Und was, wenn das etwas mit meinen Haaren zu tun hätte? Symbolisch womöglich?

»... Spalte gucken?« Raik stupst mich an.

»Was?«

Er grinst wieder. »Ich hab dich gefragt, ob du dich besser fühlst und wir noch den Schlenker zu dem Supermarkt machen und den Riss angucken wollen, den das letzte große Erdbeben verursacht hat.« Er schaut mich an. »Oder lieber nach Hause? Du siehst ein bisschen blass aus.«

Wir haben die kleine Brücke erreicht, auf der Mom und Gunnar Arm in Arm in das tanzende Wasser schauen und sich leise unterhalten. Als wir näher kommen, dreht meine Mutter sich zu mir um. Sie guckt so glücklich. Auf einmal fühle ich mich unendlich einsam.

»Nein, nein, alles gut«, schwindele ich. »Wo ist denn dieser Supermarkt?«

Der Gode blickte über die Ebene. Er sah die Familie im Tal stehen. Außerhalb der Ortschaft, direkt am Fluss. Vielleicht, wenn er sie ablenkte? Seine Finger umschlossen den juwelenbesetzten Griff seines Dolches so fest, dass die Fingerknöchel weiß wurden. Sie waren so dumm. Sie alle, Touristen wie Einheimische. Selbst Gunnar. Er hatte ihn einmal gekannt. Das war lange her. Sein Herz war kalt. Er hatte sich anders entschieden. Besser.

Bevor die da unten durchschauen würden, worum es wirklich ging, wäre es schon vorbei. Für immer vorbei. Er durfte nur nichts überstürzen. Schritt für Schritt. Er brauchte das Mädchen zusammen mit den Pferden. Dann fehlte nur noch der Junge. Das würde schwer genug werden, denn die Gemeinschaft war gewarnt. Ihr Schutz war stark. Aber er war schlau, und er war ihnen immer einen Schritt voraus.

Er zog das Messer aus der Lederscheide und stieß es bis zum Heft wieder hinein. Wieder und wieder. Er dachte nach. Ein breites Grinsen verzerrte sein bärtiges Gesicht.

Er war schlauer als sie alle.

Zumindest eine, die ihm im Weg stand, hatte er so gut wie ausgeschaltet. Sie würde ihm nicht mehr in die Quere kommen. Was beinahe schade war. Es hatte Spaß gemacht, sie zu quälen.

Genug damit. Er musste handeln.

6. Reiten mit Raben

»Kommst du mit ins Schwimmbad?«

Ich lasse mein Buch sinken und schaue völlig verdattert hoch. Vor meinem Liegesessel auf der kleinen Veranda steht ein schlaksiger Typ in Reithosen und T-Shirt und nimmt mir die Sonne. Schon wieder Raik. Das Gute ist: So muss ich zumindest nicht zu ihm hinaufblinzeln. Aber Sonne ist hier in Island ein absolutes Luxusgut, also ist diese Aktion trotzdem kein guter Einstieg für unsere heutige Patchwork-Challenge.

Die Sache im Erdbebensimulator vergessen wir jetzt einfach mal komplett.

»Warum sollte ich das wollen?«, frage ich ein bisschen schnippisch.

Auch wenn Raik Gunnars Neffe und so was wie sein Ziehsohn ist, ungefragt darf nur *einer* meine Terrasse betreten, und dem sieht er nicht mal ähnlich. Außerdem versuche ich verzweifelt, mich von dem ganzen unsichtbaren Chaos um mich herum abzulenken. Weil es mich schier umbringt, dass ich nichts anderes tun kann als warten, warten und warten. Und ich Kári nun mal nicht einfach übers Telefon erreichen kann. Vielleicht steht er jetzt gerade, in diesem Augenblick, vor dem Ältestenrat? Nein, Moment. Das war erst morgen ... ich bin schon ganz durcheinander … Oder die haben schon längst was beschlossen! Und ich kriege es nicht mit, weil die Hogwartsposteule Verspätung hat. Oder von zwei

Raben gefressen wurde. Ich vermisse ihn schrecklich. Ich brauche ihn dringender denn je.

»Weil schwimmen gesund ist? Und du immer noch nicht reiten darfst?«, fragt Raik zurück und bringt mich einen Moment lang aus dem Konzept. Er grinst breit durch seine Zahnlücke. »Und lesen eigentlich auch nicht, oder?«

Ich klappe mein Buch zu. Vielleicht muss ich da endlich mal was klarstellen.

»Hör mal, Raik. Du bist sicher ein echt netter Typ. Aber nur weil meine Mom und dein Onkel sich mögen, musst du dich bei mir wirklich nicht einschleimen. Ich brauche auch keinen Babysitter, bloß weil ich mir vor zwei Wochen den Kopf angeschlagen habe. Okay? Im Gegenteil. Ich brauche vor allem meine Ruhe.«

»Hey. Müsstest du mir nicht ein klein wenig dankbar sein, dass Gunnar und ich dich da aus der Höhle gezogen haben?«

Bitte was? Frechheit! Kári hat mich gerettet! Wenn er nicht gewesen wäre, würde ich heute noch im ewigen Eis schlummern – oder in Tauwasser schimmeln, je nach Temperatur da oben am Gletscher. Raik hat an dem Tag einfach nur zufällig in Gunnars Jeep gesessen.

»Und müsstet ihr nicht ein klein wenig dankbar sein, dass ich euer tot geglaubtes Fohlen gefunden habe?«, schnaube ich.

Er geht überhaupt nicht darauf ein, sondern verrenkt sich, um den Titel meiner unterbrochenen Sonnenbadlektüre zu entziffern. »Oh, ein Isländischkurs. Sprachreiseführer von Astrid va…«

Ich halte meine Hand über das Cover. Das geht ihn gar nichts an.

Sein Grinsen wird breiter. »Meinst du, die Investition zahlt sich aus? Wird das was richtig Ernstes mit unseren alten Herrschaften? Oder willst du künftig mit mir in meiner Muttersprache flirten?«

»Meine Mom ist nicht alt«, widerspreche ich und zucke mit den Schultern. Ich hoffe, das mindert den Eindruck, den meine hektischen Flecken bei ihm machen müssen. »Und wenn er meiner Mutter einen Job anbietet – schätze schon.«

Ich schlage irgendeine Seite auf und verstecke mich hinter praktischen Floskeln für Small Talk im Supermarkt.

Supermarkt! Kacke! Gestern im Supermarkt. Das war echt megakacke!

Dieser Erdbebensimulator war nichts anderes als ein kleiner Container auf einem Rüttelbrett im Gang des kleinen Einkaufszentrums von Hveragerði. Wenn man im Souvenirladen nebenan Bescheid sagt, kommt ein Typ mit einem Chip und lässt einen rein.

Mom und Gunnar wollten nicht. Also sind nur Raik und ich hineingegangen. Da drin war es stockdunkel. Und ich habe die Reling nicht gefunden. Also habe ich mich an ihm festgehalten, als die Rüttelei losging. Okay. Festgeklammert. Vielleicht hab ich auch einmal kurz geschrien. Und mich an ihn geschmiegt. Weil ich so überrascht war, wie heftig es da drinnen geschaukelt hat. Raik hat mich festgehalten. Aber nicht einfach nur so. Er hat es gut gemacht. Seinen Arm um mich gelegt, mir über den Rücken gestreichelt und gesagt: »Keine Angst. Ich bin bei dir. Es ist gleich vorbei.«

Mehr war da nicht. Aber das war schön.

Verdammt. Ich habe Kári.

Nur: Kári war nicht da.

In dieser Sekunde, da im Dunkeln, habe ich mich gefragt, ob Kári jemals bei mir sein wird. Auf diese Art.

Verdammt. Verdammt. Verdammt.

Kann Raik nicht einfach ein Arschloch sein? Das ist er nämlich gar nicht, auch wenn ich es mir wünsche.

Kacke.

Im Prinzip hätte ich absolut nichts dagegen, in Island kleben zu bleiben. Der Zeitpunkt ist sogar günstig. Die Sommerferien stehen vor der Tür, die Zeugnisse sind quasi geschrieben. Amy würde ich natürlich schrecklich vermissen. Und Mara und Anne und Malin … und Pizza und Schokolade zu erschwinglichen Preisen und die Franzbrötchen von unserem Lieblingsbäcker vielleicht – wobei die Küche hier großartig ist. Mir läuft das Wasser im Mund zusammen, wenn ich an die kleinen Törtchen von gestern Abend denke.

»Ich kann's dir beibringen«, sagt Raik.

»Hä?«, mache ich verblüfft. Ich hänge gedanklich immer noch – nein, nicht in dieser Rüttelkammer, garantiert nicht! Bloß nicht! –, sondern in der länderübergreifenden Entscheidung: Franzbrötchen oder hausgemachter Skyr mit Blaubeerkompott. Das ist trotz allem erheblich angenehmer, als immer nur an –

»Isländisch«, erklärt er. Sein Zahnpastareklamelächeln macht inzwischen einem Scheunentor Konkurrenz. »Zufällig …«, er macht eine bedeutsame Pause, »… bin ich quasi dreisprachig aufgewachsen. Ich hatte Deutsch als Leistungskurs in der Schule, dazu natürlich Schwedisch und in den Sommermonaten gutes

Training durch all die deutschen Mitarbeiter hier ... und ich habe gerade viel Zeit.«

Das weiß ich alles längst.

Raik breitet die Arme aus, und seine Geste hat so was albern Großkotziges à la »all das gehört eines Tages mir«, dass mir schon wieder schlecht wird. Aber das könnte auch daran liegen, dass ich wegen dieser dämlichen Gehirnerschütterung immer noch nicht so viel lesen soll. Und weil ich zu viel über Rumpelkammern nachgrübele. Aber irgendetwas muss ich tun, sonst drehe ich durch. Ich mache mir Sorgen um Kári, um die Hekla, um Ljóri und Ljósadís ... Es macht mich wahnsinnig.

Außerdem möchte ich an mein Handy gehen, das versteckt unter meiner Decke liegt, für den Fall, dass Mom unverhofft um die Ecke biegt. Auf einmal hört es gar nicht mehr auf zu vibrieren.

»Vielleicht«, sage ich, immer noch etwas brummig. Raik ist drei Jahre älter als ich. Aber muss er so raushängen lassen, dass er sein Abi schon in der Tasche hat?

»Also? Was ist jetzt mit Schwimmen?«, fragt er.

»Glaube nicht«, antworte ich.

Er guckt enttäuscht.

»Nicht heute«, schiebe ich hinterher. »Aber danke, dass du gefragt hast.«

»Wir könnten auch mal zusammen ausreiten, wenn's dir wieder besser geht.«

»Hmmh.« Ich muss leider doch lächeln. Also tue ich schnell so, als ob ich wieder lesen würde. »Außerdem habe ich einen festen Freund. Nur als Info«, schiebe ich hinterher, ohne hochzusehen.

Raik seufzt und fasst sich in gespieltem Herzschmerz an die Brust. Ich sehe es aus dem Augenwinkel. Dann trollt er sich endlich.

Nachdenklich schaue ich ihm hinterher. Mein Blick bleibt einen Moment lang an seinem Hintern kleben. Sieht knackig aus in der Reithose. Mit Raik ein bisschen Isländisch büffeln könnte wirklich eine gute Idee sein, jetzt, wo wir meinen Beziehungsstatus abgeklärt haben. Vielleicht würde mich das ein wenig von meinen Sorgen ablenken. Ich taste nach meinem Nordlichtanhänger und umschließe ihn durch den Pulli hindurch mit meiner Hand. Sein warmes, sanftes Pulsieren gibt mir Zuversicht.

Auf der Landstraße vor dem Hotel fährt ein Motorrad vorbei. Unwillkürlich zucke ich zusammen. Ich muss an die drei Rocker denken, die uns verfolgt haben. Okay, das war zwar im Traum. Aber was ist schon wirklich?

Sunnyboy Raik hat keine Ahnung, was hier gerade abgeht … und mein eigener Vorsprung ist minimal.

Ich erwische mich dabei, dass ich schon wieder auf den Innenseiten meiner Wange herumkaue. Viel zu lange habe ich nichts von Kári gehört. Einen Tag oder so. Aber die letzte Begegnung zählt kaum, so beängstigend, wie das war.

Ich schaue in die andere Richtung, weg von der Straße. Mein Blick gleitet über die weite Ebene. Die Pferde, die heute nicht im Reitbetrieb eingesetzt sind, grasen und dösen friedlich auf den schier endlosen Wiesen.

Es ist so schwer, den Fokus auf der Realität zu behalten. Auf dem, was sich zumindest real anfühlt. Achtbeinige Pferde, Katzen mit Lavaaugen und eine unsichtbare Ratsversammlung gehören nicht dazu ... Blöde Jungssprüche schon eher. Da gibt es keinen Unterschied zwischen Island und Deutschland. Abgesehen von Kári.

In meinem Sprachführer steht, isländische Nachnamen leiten sich vom Vornamen des Vaters ab. Amy wäre demnach also eine Hugosdóttir. Und Kári ist ein Einarrsson. So heißt sein Papa, hat er mir erzählt.

Seufzend starre ich die Berge hinauf. Irgendwo dahinter braut es sich zusammen. Im Thingvellir. Da tagt der Rat. Im Verborgenen. Wie eine Art Schattenregierung. Kári und Freyja mittendrin.

Ich grinse zynisch. Noch vor wenigen Wochen hätte ich das alles für abgedrehte Hirngespinste von Elfengläubigen wie Magnús Skarphéðinsson gehalten. Und heute? Wer nicht hören will, muss fühlen, Wink mit dem Zaunpfahl und so: Mir ist gleich eine ganze Höhle auf den Kopf geknallt. Na ja, so ähnlich jedenfalls.

Ich knibbele an den Ecken meines Sprachführers herum. Heute stecke ich also mittendrin in einem gigantischen, dimensionsübergreifenden Verschwörungsschlamassel. Ich muss das endlich mit jemandem teilen. Amy.

Halt. Erst überlegen. Dann einschalten. Was soll ich ihr schreiben?

Ich bin mit Kári zusammen. Offiziell, schätze ich. Und mein Freund ist – was? Ein ... Elf? Ein Alf? Ein Unsichtbarer? Wie bescheuert sich das alles anhört ... selbst wenn Amy nicht gleich an spindelbeinige Glitzerfeen mit Flügeln oder außerirdische Katzenfresserteddys denkt. Was *soll* sie denken? Dass ich amtlich den Verstand verloren habe? Oder soll ich sagen, dass Raik mich anbaggert? Bloß nicht! Ein Problem nach dem anderen.

Meine Zähne graben sich in meine Unterlippe. Huldú. Sagen wir einfach, Kári gehört zum Huldúvolk. Das klingt nach ureingesessener, einheimischer Bevölkerung und nicht so nach Märchenstunde oder Klapsmühle. Richtig fassen kann ich es trotzdem nicht. Mein Gehirn sucht immer noch krampfhaft nach einer rationalen, einer logischen Erklärung für das alles. Wie soll ich das dann Amy vermitteln?

Ich wühle unter meiner Decke herum und taste nach dem Smartphone. Ich bin ja nicht blöd, nur weil ich auf den Kopf gefallen bin. Ich weiß längst, wo Mom den Akku für meinen Draht zur Außenwelt versteckt hat. In ihrer Sockenschublade, wie originell. Damit ich auch ja nicht die erlaubte Stunde überschreite. Ich muss nur daran denken, beides nachher wieder zurückzulegen.

Ich schalte ein und traue kaum meinen Augen.

»What the …?«

Ich starre auf eine Sanduhr. Mom hat mir einen dämlichen Timer eingebaut. Was soll das denn? Eine Stunde am Tag? Das ist verdammt knapp, wenn man mit seinen Freunden in Kontakt bleiben und sein Herz ausschütten will – und auch noch Hausaufgaben machen. Obwohl das ja eh ein Witz ist, denn die Zeugnisse sind bereits geschrieben. Mom hat in der Schule angerufen und gefragt. Selbst das wäre also kein Problem für einen Wechsel.

Energisch wische ich das Symbol beiseite und checke meine Accounts. Noch immer keine Nachricht von Amy. Sie könnte sich ja auch mal zuerst melden. Dafür ist ihr Newsfeed voll mit Fotos von sich und Thorben. Im Kino, am Baggersee, beim Konzert, Backstage mit seiner Band. Ich gönne ihr von Herzen, dass sie wieder mit ihm zusammen ist, aber … ich fühle mich vernachlässigt. Und ein bisschen eifersüchtig bin ich auch. Ich meine, ich poste ja auch nicht ständig …

Komisch, ich hab nie drüber nachgedacht, ob Kári überhaupt zu sehen wäre, wenn ich Fotos von uns machen würde. Ich muss albern kichern. Pff. Er ist ja kein Vampir!

Nachdenklich kaue ich auf meiner Unterlippe herum. Ich vermisse ihn. Und Amy auch. Keiner da zum Reden. Was mache ich denn jetzt mit Raik?

Theres und Birta sind mit einer Touristengruppe für eine Woche im Hochland. Und zu Sophie habe ich keinen richtigen Draht. Dann hört es auch schon auf mit halbwegs gleichaltrigen Bekanntschaften unter den Ferienjobbern und Angestellten, die Deutsch können.

Maaaaaann!

Vielleicht hätte ich doch mit Raik schwimmen fahren sollen. Alle Isländer lieben das Wasser. In jedem stinknormalen öffentlichen Schwimmbad gibt es Hot Tubs, heiße Becken zum einfach nur drin Abhängen. Am coolsten sind die natürlich im Winter. Wenn das Wasser dampft und um einen herum Nebelschwaden bildet, während man vor sich hin köchelt. Und außen herum liegen Schnee und Eis. Mit Kári habe ich ja schon mal in einer heißen Quelle gebadet. Das war Wahnsinn.

Nein, nein, nein! Nicht schon wieder an Kári denken! Obwohl ... Ich aktiviere die Kamera, stehe auf und tappe ein paar Schritte weiter. Einen Hot Tub haben wir auch hier.

Unter Aufbietung all meiner Restkräfte klappe ich den gigantischen Deckel auf und mache ein Foto über den Beckenrand hinweg, vorbei am Sichtschutzzaun, mit Blick auf die endlose Weite von Pferdeweiden und sanftem Glitzern am Horizont, dort, wo das Meer anfängt. Wenn man's weiß, kann man's zumindest erahnen. Na gut, vielleicht sind es auch nur die Blechdächer irgendwelcher Silos oder Schuppen. Egal. Sieht schon ziemlich schick aus. Ich poste das Bild bei Insta und schreibe drunter:

@amy_12: Wish u were here. Miss u! 😗
#Islandsommer #Pferdesommer #Mitternachtssonne
#Krankenlageramhottub

Dann klappe ich den Deckel wieder zu und schlurfe zurück zu meinem Liegestuhl. Anstrengend.

Dem Timer nach habe ich noch dreiundfünfzig Minuten Restguthaben. Pff. Seufzend stecke ich das Handy in meine Umhängetasche und schlüpfe zurück unter die Decke.

Mein Schädel fängt wieder doller zu brummen an.

Ich gieße mir eine Tasse Kräutertee aus der Thermoskanne ein und schlage meinen Reisesprachführer auf. Wo war die Seite mit den Redewendungen für Reitausflüge? Ich möchte mich dringend besser mit Kári verständigen können. Telepathisch klappt das mega zwischen uns, aber ich will wissen, was gesprochen wird. Zum Beispiel, wenn er sich mit Freyja unterhält, womöglich über mich. Ich bekomme nur die Hälfte mit. Höchstens. Und ich hänge hier fest.

Ich reibe mir die Schläfen. Dahinter sticht es immer stärker. Normalerweise kündigt das –

Elin!

Ich zucke zusammen. Wie aus dem Nichts steht Freyja vor mir. »Freyja?«

Automatisch packe ich mein kleines, biegsames Taschenbüchlein wie eine Waffe. Ein Wälzer wäre mir lieber. Was will sie von mir? Wieso kommt sie hierher? Am Tag!

»Wo ist Kári? Ist ihm was passiert?«

Sie macht eine beschwichtigende Geste mit den Händen.

Komm, wir müssen reiten.

»Ich kann nicht!« Wenn ich's könnte, wäre ich jetzt nämlich mit einem ziemlich von sich überzeugten Knackarsch im Schwimmbad – oder auf Ljósadís' Rücken bei einem Ausritt dabei. Ich zeige auf meinen Kopf.

Sie schüttelt unwirsch den ihren und verdreht die Augen. Dann greift sie in einen Lederbeutel, der an einer Gürtelschlaufe an ihrer Taille hängt, und fördert eine kleine Papiertüte zutage.

Sie streckt mir auf der flachen Hand etwas entgegen, das genauso aussieht wie Erlas Honigbonbons. Die, die sie mir im Hochland gegen den Kopfschmerz gegeben hat.

Ich runzele die Stirn. Woher hat sie die? Ist das ein Trick? Will sie mich wieder mal vergiften? Kári kann sagen, was er will, ich traue ihr nicht. Sie ist immer so kalt … und herrisch.

Freyja grunzt und schiebt ihre Handfläche nachdrücklich in meine Richtung.

»Ist ja schon gut«, murmele ich, greife nach der Tüte und schiebe mir eins der Bonbons in den Mund. Sie schmecken köstlich, auch nicht bitter oder so was. Also zumindest kein Arsen. Das soll ja nach Bittermandel schmecken. Hab ich mal in einem Krimi gesehen.

Freyja schneidet mir eine Grimasse und schlägt drängelnd einen Kreisbogen mit ihrem Arm in Richtung der Ställe. Die Forderung ist klar und deutlich. Das grenzt ja an Entführung. Super! Raik ist schwimmen. Amy ist Luftlinie knappe 2.500 Kilometer entfernt abgetaucht. Mom ist mit Gunnar in der Stadt. Es wird also eine ganze Weile dauern, bis mich jemand vermisst. Eigentlich müsste ich irgendwem eine Nachricht hinterlassen, nur was soll ich schreiben? Da sind sie wieder, meine Probleme mit der normalen Welt.

Es geht um Kári. Um euch. Der Rat erwartet dich. Wir haben keine Zeit zu verlieren. Jetzt komm endlich.

»Ich dachte, Kári ist erst morgen dran? Auch gut. Zum Althing also. Sag das doch gleich«, maule ich. Dann gehe ich eben nicht mehr aufs Klo. »Aber ich brauche zumindest eine Jacke und was Anständiges anzuziehen.« Demonstrativ zeige ich an mir hinunter. Jogginghose und Bademantel – so macht man keinen Eindruck vor Gericht, oder?

Freyja zeigt beharrlich Richtung Stall und schnalzt ungeduldig. Als ob ich ein Pferd wäre!

Ich mag sie nicht. Stur wie ein Stück Stein. Schnaubend hänge ich mir meine Tasche um. Da ist immerhin das Handy drin. Und ein Müsliriegel.

»Ich komme ja schon«, schimpfe ich und mache, so schnell ich kann mit meinem erschütterten Brausekopf. Wobei der erstaunlicherweise auf einmal Ruhe gibt. Diese Bonbons sind echt phänomenal.

Ljósadís hebt sofort den Kopf, als wir kommen. Sie sticht heraus aus der Menge der Mutterstuten, weil sie nicht so ausgezehrt ist wie diejenigen, die gerade erst entbunden haben und Milch geben.

Von der Lobby und von Gunnars Büro aus hat man einen hervorragenden Blick hier herüber.

Daher müsste uns jetzt auch jeder sehen, wie wir mit eiligen Schritten über den Lavaschotter traben. Aber wer von den Gästen nicht nach dem Frühstück zu einem Ausritt aufgebrochen oder auf einer Mehrtagestour unterwegs ist, bummelt heute durch Reykjavík oder erforscht den Golden Circle. Es herrscht Hochbetrieb, das Hotel ist ausgebucht und trotzdem in diesem Moment menschenleer. Der Sommer auf Island ist kurz. Vier Millionen Touristen sind die Prognose für dieses Jahr, und ich könnte schwören, die Hälfte davon tummelt sich gerade hier im Süden der Insel, in dieser Region.

Ich bin eine von ihnen – und auch wieder nicht.

Ljósadís wiehert, als sie mich erkennt, und kommt ein paar Schritte auf uns zu. Mein Herz geht auf. Automatisch steuere ich meine wunderschöne hellgraue Stute mit den schwarzen Strümpfen an. Meine Nordlichterfee.

Aber Freyja bremst mich aus. Sie packt mich am Jackenärmel und schüttelt den Kopf. Ihre Berührung löst einen leichten Funkenschlag aus. Mein Arm kribbelt, wie elektrostatisch aufgeladen, nur mehrmals. Wir zucken beide zurück, und sie lässt mich los. Wir starren uns an.

Ich lächle unsicher. »Das ist immer so«, antworte ich auf ihre stumme Frage. »Man gewöhnt sich dran.«

Sie gibt wieder dieses Wikingergrunzen von sich und dirigiert mich in weitem Bogen von der Fohlenweide weg, vorbei an den Parkplätzen und um den Wirtschaftstrakt des Hotels herum zum Paddock vor der Reithalle.

Weil auf Island erdbebensicher gebaut wird, haben die meisten Gebäude nur ein Stockwerk und sind dafür endlos lang.

Wieso gehen wir diesen Umweg? Wir hätten doch einfach quer über die Reitbahn gehen können. Und warum soll ich ein anderes Pferd reiten? Vielleicht schiebt sie das mit dem Althing nur vor?

Von mir selbst genervt, schüttele ich den Kopf. Blödsinn. Du hast zu viele Krimis gelesen, Elin. Kári vertraut ihr. Also muss ich das wohl auch.

Beleidigt schiebe ich einen Schmollmund. Trotzdem. Wenn ich schon mit Freyja reiten muss, und nicht mit ihm, dann will ich wenigstens meine Nordlichterfee.

Da erinnere ich mich wieder an Káris Mahnung. Es hat einen Grund, warum wir Ljósadís hierlassen. Sie ist in Gefahr, genau wie Ljóri, der kleine Hengst. Und Kári. Und ich. Vor allem, wenn wir zusammen sind. Aber wer passt auf die Tiere auf, wenn ich fort bin?

Dafür ist gesorgt.

Sie zeigt nach oben, wo schon wieder zwei Krähen kreisen.

Es sind Raben.

»Besserwisser«, nuschele ich und mustere Freyja verstohlen.

Zum ersten Mal sind wir beide allein. Sie trägt eine grob gewebte dunkelgrüne Hose, leichte Lederstiefel und ein Wollhemd in Erdtönen. An den Ärmeln und am Kragen ist es blau und weiß bestickt. Darüber hat sie eine Weste aus Schaffell. An ihrem Gürtel stecken ein großes Messer und ein kleiner Lederbeutel. Ihre Haare sind im Nacken zu einem Pferdeschwanz gebunden, der unter einer Wollkappe hervorschaut. Mit den Klamotten könnte sie sofort in jedem Wikingerfreilichtmuseum anfangen, schätze ich. Wobei ich immer dachte, dass die Frauen hier früher lagenweise Kleider und Röcke getragen haben.

Freyjas angewiderter Blick spricht Bände. *Wie soll man denn damit reiten können?*

»Ich mein ja nur«, brummele ich leise.

Mich wundert es schon lange nicht mehr, dass meine Gedanken hier offene Bücher sind. Vielleicht bekommt sie dann ja wenigstens auch mit, wie bescheuert ich es finde, in Jogginghose und Bademantel losgeschickt zu werden, als ob ich per Anhalter durch die Galaxis reisen wollte. Wahrscheinlich bereitet ihr genau das diebische Freude – auch wenn sie das Buch sicher nicht kennt! Wenn das ein schlechter Scherz ist, Freyja Wessen-auch-immer-dóttir, dann werde ich mich rächen, mach dich auf was gefasst!

Am Anbindebalken stehen zwei einsame Pferde. Ich erkenne Álfatrú und Blika. Mit beiden habe ich eine Geschichte. Der dunkelbraune, schneeblinde Wallach war das erste Pferd, das ich seit Saharas Tod geritten bin. Im Winter, als wir das erste Mal hier waren. Der windfarbenen Blika mit der Silbermähne bin ich schon gleich am Flughafen begegnet. Nach unserer Landung war das, als ich Moms Reisepläne, diese Insel mit ihrem Schnee, dem ganzen Eis, den Felsen, den Lavafeldern, den Wasserfällen, ihrem ständigen Wind und Wolkenbergen noch ganz, ganz furchtbar fand. Diese beiden Pferde hatten mich gebraucht. Ich konnte ihnen helfen – und sie halfen mir, vielleicht noch viel mehr als umgekehrt.

Island hat mir ermöglicht, meine Trauer zu bewältigen, meine Araberstute Sahara nach ihrem Tod endlich loszulassen, mich neu zu verlieben. In Ljósadís – und in Kári.

Freyja grunzt schon wieder. Sie sieht mich scheel von der Seite an. Währenddessen löst sie die Zügel der beiden Tiere vom Balken, die sie auf Isländerart locker darumgeschlungen hatte, und wirft sie ihnen über den Nacken.

Kári und sie kennen sich von klein auf. Er vertraut ihr. Also sollte ich es auch tun, mahne ich mich erneut. Aber es fällt mir schwer.

Immer noch. Und immerhin das haben wir offenbar gemeinsam. Außerdem hatte ich mir vorgestellt, dass ich meinen ersten richtigen Ritt nach dem Unfall mit Kári erlebe. Toll. Trotzdem bin ich froh, dass ich nicht mit Raik schwimmen gegangen bin. Freyja hätte mich ganz sicher überall aufgespürt. Aber das wäre ganz schön kompliziert geworden, so oder so.

Unsere Pferde sind ungesattelt.

»Hör mal, Jacke ist egal. Aber ohne Kappe reite ich nirgendwohin«, paule ich sie an. »Ich weiß ja nicht, wie das bei euch so ist, aber mein Schädel ist zerbrechlich!«

Freyja verzieht keine Miene. Sie zeigt auf den Boden neben dem Anbindebalken. Da liegt tatsächlich mein Reithelm.

»Danke«, schnauze ich schlecht gelaunt.

Freyja bietet mir ihre verschränkten Hände als Aufsteighilfe an. Ich schüttele den Kopf und lenke Álfatrú so an den Anbinder, dass ich von dort aufsitzen kann, ohne ihm in den Rücken zu krachen.

Freyja selbst federt mühelos hoch, legt ihren Bauch über Blikas Rücken und zieht sich herum. Ich kann das genauso. Könnte ich jederzeit, wenn ich mein Hirn herumschütteln dürfte, wie ich wollte, und es nicht immer noch schonen müsste.

Na, so was! Der Anflug eines Lächelns huscht über Freyjas Gesicht. Da sieht sie richtig hübsch aus. Aber er verschwindet so schnell wieder, wie sich hier oben Wolken vor die Sonne schieben.

Freyja duckt sich tief über ihre Stute, bis ihr Oberkörper beinahe unter der gewaltigen Mähne verschwindet, und bedeutet mir, es ihr nachzumachen. Álfatrú schwankt ein bisschen, weil ich so herumzappele, aber nach ein paar Tritten haben wir beide unser Gleichgewicht wiedergefunden. In eiligem Schritt zuckelt er der viel größeren Blika hinterher, als wir in Richtung der Weiden vom Hof reiten. Ich begreife Freyjas Taktik. Sollte doch irgendein Übriggebliebener flüchtig zu uns herüberschauen, sähe er einfach zwei Ponys auf ihrem üblichen Weg zur Wiese.

Wir schlagen den Weg zum Meer ein. Das finde ich ungewöhnlich. Wohin bringt sie mich? Das Thingvellir liegt doch nördlich von hier. Hat sie gelogen? Mein Zweifel ist sofort wieder da. Aber sobald wir den Hof hinter uns gelassen haben, wechseln wir erneut die Richtung, und mein Puls beruhigt sich. Wir reiten über die Ringstraße, die einmal um ganz Island herumführt, und durchqueren bald darauf den kleinen Fluss, der das Tal mit Wasser versorgt.

Im Hochland muss es heftig geregnet haben, denn die Pferde sinken in der Furt bis zum Bauch ein. Vorsichtig tasten sie sich über die schlüpfrigen Steine. Ich kann nichts anderes tun, als meinem kleinen Wallach die Zügel lang zu geben, meine Beine so hoch wie möglich anzuziehen und aufzupassen, dass die Schöße meines Bademantels und die Umhängetasche trocken bleiben.

Schnorchelnd und schnaubend klettern Álfatrú und Blika am anderen Ufer die steile Böschung hinauf. Sie ist glitschig, und ich klammere mich in der Mähne fest. Aber mit einem Riesensatz meistert mein Kleiner den letzten Meter. Oben angekommen, schüttelt er sich wie ein nasser Hund. Es vibriert bis unter meine Schädeldecke, aber der Schmerz bleibt aus. Dankbar rücke ich meinen Helm und meine Tasche zurecht.

»Und jetzt?«

Freyja zeigt auf die Berge und töltet an. Álfatrú nimmt ihr schnelles Tempo auf und hängt sich wie von selbst an Blikas Schweif. Zwischendurch fällt er in einen unangenehmen Stechtrab. Seine Beine sind einfach kürzer als die der Stute. Also galoppiere ich ihn an. So können wir mühelos mithalten. Wenn man davon absieht, dass ich schon nach kürzester Zeit außer Puste bin und Doppelbilder sehe. Zwei Schotterwege, zwei Álfatrús, zwei Freyjas, zwei Blikas.

»Halt an!«, flehe ich schließlich nach vorn. »Ich kann nicht mehr. Ich brauche eine Pause.«

Freyja pariert durch und kommt widerstrebend neben mich geritten. Sie sieht mich an, als stünde ich auf dem Pferdemarkt zum Verkauf, brabbelt ungehalten etwas Isländisches und hält mir ihre Wasserflasche hin. Das Einzige, was ich davon verstehe, ist, dass ich trinken soll, und irgendwas mit Rjúpa. Das bedeutet Schneehuhn. Das habe ich mir bereits gemerkt. Ich habe einen Hang zu unnützen Wörtern. Soweit ich weiß, ist das kein Kosename. Aber so genau will ich es gar nicht wissen.

Ich lehne kopfschüttelnd ab. Mir ist schon schlecht. Ich stecke mir lieber noch eins von den Honigbonbons in den Mund.

Immer noch schimpfend steigt Freyja vom Pferd, zieht Álfatrú die Zügel über den Kopf und führt uns vom Weg fort, ein wenig abseits zwischen eine Felsengruppe, an der sich ein kleiner Bach vorbeischlängelt. Sie bedeutet mir, ebenfalls abzusitzen, knotet die Zügel der beiden Pferde zusammen und lässt sie trinken. Der Himmel zieht sich zu, es fängt an zu regnen.

»Wie weit ist es noch?«, frage ich.

Freyja hebt die Schultern. Sie hat sich hingehockt und fängt an, ein paar Zweige und Holzwolle aus ihrer Tasche zutage zu fördern und ein Feuer anzufachen.

»Ernsthaft? Hältst du das für eine gute Idee hier draußen? Ich meine, dann findet uns doch jeder, oder? Ich dachte, wir sollen uns versteckt halten?«

Freyja verdreht die Augen. Irgendwas sagt mir, dass sie wahrscheinlich noch nie einen Fernsehkrimi gesehen hat, aber wenn sie es hätte, würde sie mir jetzt garantiert sagen, dass ich definitiv zu viele davon kenne. Und dass sie nichts mit der Wirklichkeit zu tun haben. Worauf wir dann beide herzlich lachen würden. Aber dafür fehlt einer von uns beiden komplett der Humor. Und ich bin nicht diejenige.

Stattdessen gibt Freyja einen undefinierbaren Wikingerlaut von sich, hält mir eine Art Dörrobstklumpen und erneut ihre Wasserflasche hin.

Diesmal greife ich zu und trinke ein paar Schlucke. Das Zeug schmeckt süß und zugleich bitter und kaut sich zäh wie Kaugummi. Aber irgendwie auch gut. Ich nicke ihr anerkennend zu. Schätze, ich bin auf sie angewiesen hier draußen. So viele Haken, wie wir geschlagen haben, bräuchte ich Stunden, um allein den Rückweg zu finden. Und wir sind noch nicht mal an unserem Ziel angekommen.

Dann wird mir auf einmal kodderig, und alles fängt an, sich um mich herum zu drehen. Das Letzte, was ich mitbekomme, ist, dass Freyja sich murmelnd über mich beugt und aufpasst, dass ich nicht mit dem Kopf gegen den nächstbesten Felsbrocken klatsche. Das rechne ich ihr hoch an. Reitkappe hin oder her.

Freyja betrachtete Elin mit unverhohlenem Missfallen. Sie hatte nichts gegen das Mädchen, das tief schlafend vor ihr auf dem Boden lag. Wirklich nicht. Und sie gönnte es Kári von Herzen, glücklich zu werden. Auch wenn es unbedingt eine … von denen … sein musste. Ihre anfängliche Eifersucht hatte sie vor einiger Zeit begraben. Zumindest den Zorn, der damit einherging. Und das Gefühl, von ihrem besten Freund aus Kindertagen verraten worden zu sein. Betrogen. Hintergangen.

Freyja ballte die Fäuste und löste sie wieder. Sie zwang sich, ruhig zu atmen und den Kloß in ihrem Hals hinunterzuschlucken. Es sollte so sein und nicht anders. Elin passte zu ihm, auf ihre Art. Sie waren sich ähnlich in dem, wie sie für die Tiere fühlten und ihnen halfen, sich zu entfalten, zu ihren Stärken zu finden. So wie Jorúnn und der Riese auf ihre Weise dazu beitrugen, das herauszubringen, was in Freyja schlummerte. Ihren Wesenskern. Ihr Schicksal. Sie war bereit. Auch wenn es manchmal noch ein kleines bisschen schmerzte.

Sie wagte nur zu bezweifeln, dass Elin ebenso bereit war. Die Fremde war schwach. Sie bemühte sich nicht einmal, ihre Schwäche zu verbergen. Keinen Tag würde sie allein hier draußen überleben. Nun, vielleicht musste sie das auch gar nicht.

Freyja stieß Elin sanft mit der Fußspitze an. Elin murmelte im Schlaf. Zögernd spielte Freyja an ihrem Messerknauf herum. Noch nicht. Es war zu früh dafür. Sie griff nach Elins seltsam unförmiger Tasche, schüttelte sie ein wenig und öffnete sie. Unschlüssig wühlte sie zwischen den verschiedenen Gegenständen herum. Sie entschied sich für den rechteckigen Spiegel aus Glas und Metall. Es musste etwas Wichtiges sein. Fast alle, die auf die Insel kamen, trugen so einen mit sich herum. Manche hielten ihn an langen Stäben von sich weg und lachten hinein oder schnitten Grimassen, wenn er grell blitzte oder ein rotes Licht aussendete. Dann gingen sie rückwärts und stolperten. Es war ein seltsames Volk. Eitel und ungeschickt.

Freyja steckte den flachen Gegenstand in ihre Gürteltasche. Das sollte genügen, um eine tragfähige Verbindung herzustellen. Sie verschloss Elins Beutel wieder, schüttelte ihn einmal zurecht und legte ihn unter ihren Kopf. Das Mädchen stöhnte unruhig. Es hatte Gänsehaut an den Armen. So kalt war es nun wirklich nicht.

Unwirsch schnaubend zog Freyja ihre Lammweste aus und breitete sie über Elin. Die würde sie warm halten, bis es vorüber war.

Sie hockte sich an das kleine Feuer, öffnete den Lederbeutel an ihrem Gürtel und griff hinein. Zwischen den Fingerspitzen zerrieb sie einige Kräuter und warf sie murmelnd in die Flammen.

Freyja blieb in dieser Haltung, bis sie von einer würzigen, dichten Rauchwolke umgeben waren. Dann riss sie die Arme ausgebreitet in die Höhe und sprach die uralten Worte, um Zeit und Raum zu beugen und Elins Geist ins Thingvellir zu geleiten. Auf die verborgene Ebene.

Niemals hätte sie sich träumen lassen, dass ausgerechnet sie eine Touristin dorthin bringen würde. Eine Fremde. Einen Menschen. Einen Menschen, der Kári viel bedeutete und der in einer Weissagung vorkam. Sie schnaubte noch einmal und fokussierte sich. Ihr Geist musste rein und klar sein.

Um Elins Körper würden sich andere kümmern. Das war nicht ihre Aufgabe. Im heiligen Rauch blieb er verborgen und geschützt, solange dies vonnöten war.

Freyja ließ erschöpft die Arme sinken und beruhigte ihren Atem.

Hoch oben stieß ein schwarzer Vogel seinen heiseren Ruf aus. Er flog nordwärts.

Freyja nickte. Es war Zeit.

Sie wickelte Álfatrús Zügel lose um einen der Steine, damit er ihr nicht folgte. Dann führte sie Blika ein paar Schritte weg und stieg auf.

Sie sprengte davon, ohne einen Blick zurück.

7. Beam me up, Freyja!

»Elin?«

Schon wieder? Ich höre meinen Namen, aber ich brauche einen Moment, um zu begreifen, dass ich gemeint bin. Wer spricht da?

Mein Oberkörper fühlt sich schweißnass an, meine Beine dagegen wie Eisklumpen. Habe ich meine Decke weggestrampelt? Automatisch nehme ich an, dass ich im Bett liege. Aber warum ist die Matratze auf einmal so steinhart? Das ergibt alles keinen Sinn.

Nein, Moment. Ich war nicht in meinem Zimmer, sondern auf der Veranda. Zuerst. Dann bin ich mit Freyja geritten. Bin ich vom Pferd gefallen? Mir tut der Rücken weh. Außerdem platzt mein Schädel gleich. Oder war das nur ein Traum? Nein. Ich erinnere mich. Ich war müde, und mir war kalt. Sie hat mich mit ihrer Fellweste zugedeckt. Danach war noch was. Wir waren plötzlich woanders.

Da waren Gesichter. Buden. Der Boden überall mit Stroh ausgelegt. Überall Menschen beziehungsweise … na ja, eher Huldú.

Wir waren im Thingvellir. Ich habe eben noch vor ganz alten Wesen gestanden. Bin ich umgekippt?

Ich schmecke Rauch, muss husten, und davon würge ich. Blind versuche ich, mich aufzurichten. Ich greife in feuchtes Moos und Fels. Wo ist die kuschelige Weste?

»Mir ist schlecht«, keuche ich, während mich jemand kräftig an Arm und Rücken packt und in die Senkrechte zerrt. Benommen öffne ich die Augen.

Ich starre in Erlas Gesicht. Sie öffnet den Kinnriemen meiner Reitkappe, und der unangenehme Druck gegen meinen Kehlkopf verschwindet.

Ganz langsam fängt mein Gehirn wieder an zu arbeiten und alte und neue Eindrücke zeitlich zu ordnen. Das ist nicht mein Liegestuhl, nicht mein Pferd. Und ich bin auch nicht mehr beim Althing mit seinen Buden, dem Gedränge lärmender Menschen und dem Gerichtsplatz. Die ernsten Gesichter des Ältestenrates sind das Letzte, an das ich mich erinnern kann. So stimmt die Reihenfolge. Aber: »Wo bin ich denn nun schon wieder?«

Ich sehe mich um. »Oder immer noch?« Jetzt kapiere ich gar nichts mehr.

Da ist das Lagerfeuer. Inzwischen erloschen. Álfatrú steht bei den Felsen, daneben ein zweites Pferd, ein hübscher Schecke, der Erla gehören muss.

Weitere Bilder und Erinnerungsfetzen ploppen an die Oberfläche meines Bewusstseins wie Holzkisten nach einem Schiffbruch.

»Freyja«, murmele ich. Sie hat mich zum Althing gebracht – aber ohne Pferd. Wie hat sie das gemacht?

Da fängt mich Erlas besorgter Blick ein, und mir drängt sich gleich die nächste Frage auf. »Und wie hast du mich … hier … draußen … gefunden?«

»Yldís war das. Sie hat auf das Wiehern deines kleinen Freundes hier geantwortet. Und da wollte ich doch mal nachschauen, wer hier ein Nickerchen macht an diesem herrlichen Sommertag.«

Sie schnuppert. »Außerdem roch es interessant. Welche Kräuter hast du denn ins Feuer gegeben?«

Ich nehme den Helm ab und reibe mir über die pochenden Schläfen. Was für Kräuter … gute Frage … »Das war ich nicht. Das war Freyja ... und es stinkt. Wenn Sie mich fragen, nach Wermut und Weihrauch. Das finden Sie interessant?« Ich huste noch mal, aber das vertreibt den rauchigen Geschmack nicht.

Ein fast unmerkliches Zucken huscht über Erlas Gesicht. »Wer?«, fragt sie, schraubt ihre Feldflasche auf und reicht sie mir.

Irgendwas an ihrer Reaktion kommt mir komisch vor. Aber vielleicht ist die auch normal, und alles andere ist komisch. Vielleicht hat mich dieses Rauchzeugs auch auf irgendeinen Trip geschickt. Boah. Ich kann Leute nicht verstehen, die so Zeug freiwillig rauchen … Ich weiß gar nichts mehr. Aber zumindest das weiß ich. Wie der alte Sokrates: Ich weiß, dass ich nichts weiß, hat der mal gesagt.

Zynisch verziehe ich die Mundwinkel und nehme einen großen Schluck. Kühles Quellwasser. Herrlich. Ich leere die halbe Flasche. Erla sieht mich abwartend an, während ich mir mit dem Handrücken über den Mund wische.

»Erinnerst du dich an das geschnitzte Holzfohlen? Und an das Mädchen, das die Kräuter in den Bach gestreut hat oben im Hochland? Die war das.«

Erlas Augenfältchen vertiefen sich zu tiefen Runzeln, während sie amüsiert in sich hineingluckst.

Auf einmal fällt es mir wie Schuppen von den Augen. »Sie wissen, dass Freyja auch eine … Huldú ist, oder? Sie … Sie können sie … genau wie ich?!«

Erla beugt sich zu mir und sieht mich verschwörerisch an. »Vielleicht sollten wir damit anfangen, dass wir uns endlich offiziell duzen, was meinst du? Ein paarmal ist es dir ohnehin schon rausgerutscht, und wir Isländer haben es eh nicht so mit dem ›Sie‹.«

Ich muss mich tatsächlich daran erinnern, meinen Mund wieder zuzuklappen. Sprachlos nicke ich. Nicht wegen des Duzens, sondern weil sie so offen und selbstverständlich damit umgeht, dass sie die Huldú genauso sehen kann wie ich. Natürlich haben wir schon ein paarmal über Elfen und Unsichtbare geredet und wie fest sie an ihre Existenz glaubt. Und da war diese Begegnung mit Freyja am Bach, aber … ach, ich weiß auch nicht. Anscheinend stehe ich in diesem Land besonders häufig auf der Leitung.

Erla lacht und tätschelt warmherzig meine Hand. »Na, komm. Alles ein bisschen viel, oder? Helfen dir wenigstens meine Honigbonbons gegen den Kopfschmerz?« Ächzend erhebt sie sich. »Dann wollen wir dich mal nach Hause bringen. Und währenddessen kannst du mir erzählen, was du erlebt hast, kleine Wanderin. Kannst du reiten? Was macht dein Kopf?«

Ich nicke, immer noch stumm wie ein Fisch.

Wanderin. Weltenwanderin.

So haben mich diese alten Männer und Frauen beim Althing genannt. Ich erinnere mich an die offenen Blicke derer, die mir Fragen gestellt haben. Offen und freundlich auf mich gerichtet. Und doch schwang da noch etwas anderes mit. Etwas Abwartendes, Prüfendes? Keinesfalls Misstrauen, Angst oder Ablehnung wie bei den meisten Zuschauern. Ich kann es weder benennen noch deuten. Außer dass es sich unheimlich anfühlte, groß und belastend.

Ich schnattere mit den Zähnen, weil mir so kalt ist, aber gleichzeitig spüre ich eine Hitzewelle in mir aufsteigen. Instinktiv halte ich mich an meinem Nordlicht fest. Der Anhänger mit dem milchig grünen Schimmern in seiner Mitte gibt mir wie immer Halt und Zuversicht. Mein Atem beruhigt sich. Ich packe Erlas ausgestreckte Hand und stehe mit ihrer Hilfe auf, ohne dass mir gleich wieder schwindelig wird.

»Oh. Dein Handy.«

Sie bückt sich und hebt es für mich auf. Dankbar stecke ich es ein. Komisch. Ich hätte schwören können, dass es in meiner Tasche war. Muss wohl rausgefallen sein.

Langsam gehen wir zu den Pferden. Álfatrú trägt mich noch vorsichtiger und behutsamer als sonst nach Hause. Und während wir in langsamem Schritt talwärts reiten, hilft Erla mir, einzuordnen, was ich in diesem seltsamen Kräutertraum-Trip gesehen habe.

Freyjas Dämpfe haben mich direkt ins Thingvellir gebeamt. Erlas Vermutung ist, dass Freyja vielleicht gemerkt haben könnte, dass wir in meinem Zustand zu lange brauchen würden, dorthin und wieder zurückzureiten. »Sie hat wohl eine mentale Abkürzung genommen«, kichert Gunnars Tante vergnügt.

»Na, klasse«, brumme ich »Die Verborgenen haben das Beamen erfunden. Wenn ich das zu Hause erzähle.«

Jetzt lacht Erla schallend. »Isländisches Star Trek ... Köstlich! ... Aber lieber nicht. Das ist vielleicht keine so gute Idee.«

Álfatrú spielt nervös mit den Ohren und schnaubt. Erlas Scheckstute scheint solche Humorausbrüche dagegen zu kennen und zuckt nicht einmal mit dem Schweif.

»Spaß beiseite«, meint Erla schließlich japsend und wischt sich Lachtränen aus den zerfurchten Augenwinkeln. »Du bist also vor einer Thingversammlung gehört worden. Was für eine Ehre! Was konntest du ihnen sagen?«

Ich erinnere mich schemenhaft an die vielen Gesichter der Umstehenden, die mich angeschaut haben. Manche mit Neugier, manche mit Unglauben, Verwunderung oder gar Furcht, andere mit unverhohlener Abscheu. Junge, Alte, Erwachsene, Kinder. Manche sahen genauso aus wie wir. Andere hatten komische Kleidung an, blaue Gesichter oder viel längere Arme und Beine.

Ich streife mir noch mehr Gänsehaut von den Armen, als ich daran denke. Und dann die strengen Blicke einiger Godenführer, die wie Wachen um den Gerichtsplatz herumstanden und aufpassten, dass mir keiner der Zuhörer zu nahe kam. Irgendwer warf eine halb verrostete Coladose vor meine Füße. Aber ein Blick in die Reihen genügte, und ein Mädchen mit weißblonden Zöpfen und knallrotem Gesicht löste sich aus der Menge und sammelte das Wurfgeschoss auf.

»Nicht viele mögen uns Menschen, oder?«, frage ich leise.

»Vorurteile gibt es hüben wie drüben«, meint Erla achselzuckend. »Was wir nicht kennen, macht uns doch immer Angst: Andere Hautfarben, Religionen, Vorlieben – es ist immer einfach, tolerant zu sein, wenn man die gleichen Meinungen, Ziele oder Ideen hat, nicht wahr? Toleranz bedeutet aber, die Welt wertfrei zu betrachten, sie als Gottes wunderbares Geschenk der Schöpfung zu begreifen und daraus etwas Gutes entstehen zu lassen. Sich zu öffnen für das Unbekannte im anderen, Kompromisse zu finden. Dann findet wahre Begegnung statt.«

Ich streichele Álfatrús Mähne und lenke ihn neben Erlas Stute. »Vielleicht solltest besser du dort sprechen.«

Erla lächelt wieder. »Sie hören alle an, die dazu bereit sind. Das zeichnet diesen Rat aus. Ich habe viel darüber gehört. Aber was hätte ich da verloren? Ich bin nur eine einfache alte Frau. Es ist eine besondere Auszeichnung, dorthin bestellt zu werden. Ganz besonders, wenn man ein Mensch ist, so wie du und ich.« Sie sieht mich verschwörerisch an. Ihre Mundwinkel zucken amüsiert.

Ich seufze. »Sie haben mich tausend Dinge gefragt«, erzähle ich weiter. Es tut so gut, endlich jemanden zu haben, der einen nicht für verrückt halten könnte. Also sprudele ich wie ein isländischer Wasserfall. »Was wir hier wollen, warum manche so unachtsam sind, wieso Menschen sich nicht an Wege und Regeln halten, sondern einfach alles pflücken, was sie hübsch finden, und achtlos zertrampeln, was sie nicht kennen oder bemerken. Ob wir nicht hören können, wenn die Flüsse weinen oder die Erde ächzt. Ob wir nicht sehen, dass die Natur leidet, wenn wir sie vermüllen, Wasser wie Land. Wozu wir die ganzen Bodenschätze benötigen. Ob wir wirklich glauben, dass das noch ewig so weitergehen könne, dass das Bonbonpapierchen oder die Plastiktüte eines Einzelnen nichts ausmachen würde oder dass es tatsächlich eine Rolle spiele, wer etwas weggeworfen hat.« Ich schüttele mich. »Sie haben mir Bilder gezeigt von den ganzen neuen Kraftwerken, und ich habe dabei gespürt, wie die Erde sich fühlt, wenn sie nicht gefragt wird. Richtig gespürt, weißt du? Es hat wehgetan.«

Unsicher sehe ich Erla an. Sie nickt. »Oh ja. Das macht einen großen Unterschied. Auch das hat mit Achtsamkeit zu tun. Wir brauchen Energie. Das ist in Ordnung. Auch dass viele Menschen kommen, täglich mehr, ist an sich kein Problem ...«

»... nur, dass sie immer achtloser werden, sich benehmen, als ob alles ihnen gehören und irgendwer ihren Dreck schon wieder wegmachen würde. Das ist es, oder? Das macht die Hekla so zornig – und die Huldúgemeinschaft ... Wozu wollen wir eigentlich das ganze Aluminium? Ich denke, das ist eh ungesund?«

Erla lächelt sanft. »Die Natur braucht uns nicht. Aber wir brauchen sie. Diese Völker haben das verstanden. Sie verstehen nicht, dass wir es offenbar nicht begriffen haben – oder nicht bereit sind, uns aus unserer Komfortzone zu lösen und uns verantwortlich zu fühlen. Dabei könnte jeder von uns seinen Beitrag leisten. Wollen wir ein kleines Stück tölten, was meinst du?«

Ich nicke, obwohl ich noch tausend Fragen habe, und lasse mich hinter Yldís fallen. »Aber was kann ich dabei tun?«, frage ich nach vorn. »Ich kann ja wohl schlecht alle Umweltsünder blöd anmachen oder mich vor irgendwelche Bulldozer werfen?«

»Nein, ich glaube nicht, dass das dein Weg wäre«, gibt Erla über die Schulter zurück. »Darum ging es sicher nicht.«

»Um was dann?«, rufe ich nach vorn

»Ich glaube, sie wollten dich einfach nur kennenlernen. Vielleicht wissen sie nicht, wie sie dich einschätzen sollen. Menschen wie du sind sehr selten. Das war bei mir ganz genauso. Es ist nur ein bisschen länger her.« Sie lacht, als sie meinen verblüfften Gesichtsausdruck sieht.

»Und warum durfte ich nicht zu Kári? Ich habe ihn gesehen. Er stand da. Neben seinem Vater. Und er hat keine Miene verzogen. So, als ob er mich nicht kennen würde.«

Erla krault ihr Pferd am Hals. Dann sieht sie mich an, aber ich kann in ihrem Blick nichts lesen außer Müdigkeit. »Vielleicht war es zu deinem Schutz? Hat dir niemand etwas mehr über diese Weissagung erzählt?«

»Doch, aber –«

Álfatrú wiehert plötzlich durchdringend, und ein paar andere Pferde antworten ihm. Ich habe überhaupt nicht bemerkt, dass wir bereits an der kleinen Straße angekommen sind, die uns von Gunnars Hof und der Hotelanlage trennt. Wir bleiben kurz stehen, aber das einzige Auto, das ich sehen kann, ist noch weit entfernt. Ich schaue hinüber auf die Mutterstutenweide. Da ist Ljósadís. Sie steht auf einem kleinen Hügel und hält Wache, während Ljóri und ein paar andere Fohlen und Stuten zu ihren Füßen dösen. Mein Herz macht einen Sprung, als sie den Kopf hebt und direkt zu uns herüberschaut. Sind die beiden wirklich sicher hier?

»Erla, können wir uns bitte noch mal treffen und reden? Bitte! Du hattest was von der Hekla gesagt und der Prophezeiung …«

»Natürlich, mein Kind.« Sie lächelt mich an. »Ich habe keine Ahnung, ob ich wirklich so viel mehr weiß als du, aber das wenige sage ich dir gern weiter. Du wirst sicher viele Fragen haben.«

»Tausende«, rutscht es mir megaerleichtert heraus. Von wegen, einfache alte Frau!

Nach einem leisen Schnalzen setzen sich unsere Pferde wieder in Bewegung, und ihre Hufeisen klackern heimwärts über den Asphalt.

Nach Hause. Komisch, dass ich das inzwischen nun doch mehr auf diesen Hof und dieses Land beziehe als auf unsere Wohnung im zweiten Stock in der Südstadt von Hannover.

Raik kommt uns aus der Hotellobby entgegengelaufen. »Da seid ihr ja! Ich habe mir schon Sorgen gemacht …« Er stutzt kurz, als er meine Begleiterin erkennt. »Hallo, Großtante Erla. Was machst du denn hier? Ich dachte, du wolltest in die Berge? Und hast du ein neues Pferd?«

Meine Reisegefährtin begrüßt ihn lächelnd. »Mir kam was dazwischen.« Sie hält Yldís kurz an, um Raik noch aus dem Sattel heraus zu umarmen. Ich lenke meinen Wallach dezent weiter.

Auf den letzten Metern zum Anbinder nehme ich die Füße aus den Steigbügeln und schiebe mich verstohlen im Sattel zurecht. Mir tun die Beine weh, der Po und eigentlich auch jeder andere Knochen im Leib. Komisch, wie schnell man Muskeln abbaut. Aber ich weiß genau, dass es das nicht allein ist.

Flau ist mir außerdem. Das wird auch nicht besser, als ich absteige, im Gegenteil. Von einem Pferd getragen zu werden gibt mir manchmal mehr Erdung, als auf eigenen Füßen zu stehen. Ich kraule Álfatrú unterm Kinn und breche ihm den Apfel in kaubare Stückchen, den ich immer als Notreserve in einer Mulde hinter dem Anbindebalken deponiert habe. Er ist schon ziemlich runzelig, aber das stört ihn offenbar nicht. Bei unserem eiligen Aufbruch am Vormittag war ja keine Zeit, um Leckerlis einzustecken.

Freyja. Ich runzele die Stirn. Wo sie jetzt wohl ist? Sobald sie mich vor dem Rat abgeliefert hatte, war sie in den Reihen der Zuhörer verschwunden. Auch bei Kári hatte ich sie nicht erspähen können. Sie war plötzlich einfach weg.

»Muss ich jetzt sauer sein?« Auf einmal steht Raik bei mir und reißt mich aus meinen Gedanken. Erla lässt Yldís ein paar Meter weiter Wasser in einen Bottich ein. Gierig trinkt die kleine Stute.

»Wieso?«, frage ich perplex. Dann fällt es mir wieder ein. »Das Schwimmen, ach so. Nein … entschuldige.« Ich laufe rot an. In eine tolle Situation hat mich Káris Freundin da gebracht. Ganz super! »Ich …«, fange ich an zu stottern.

»Du könntest jetzt argumentieren, dass Reiten an der frischen Luft bei Gehirnerschütterung besser ist als Schwimmen – ebenfalls an der frischen Luft. Das würde ich für sehr abwegig halten.« Er grinst breit. »Oder du gibst mir umständlich zu verstehen, dass du gerade dein monatliches Mädchending hast, was du mir vorhin nicht sagen wolltest, weil es dir vielleicht peinlich ist. Aber dann würdest du es jetzt auch nicht tun.«

Er schaut mich verschmitzt an, und seine Lachgrübchen werden immer tiefer, als ich mich winde. »Das wäre folglich auch gelogen«, feixt Raik. »Also vermute ich, dass es schlicht daran lag, dass du es dir anders überlegt hattest, als ich schon weg war, du dich furchtbar gelangweilt hast ohne mich und mir hinterherreiten wolltest.«

»Bitte was?« Wie frech ist das denn? Ich baue mich gerade auf, um ihm gepflegt etwas entgegenzupfeffern, da quatscht er schon weiter: »Sonst müsste ich nämlich annehmen, dass du einfach keine Lust auf mich hattest, oder noch schlimmer: mich nicht leiden kannst, und das würde mir mein kleines Stiefcousin-in-spe-Herz brechen. Übrigens dürfen sogar blutsverwandte Cousins heiraten. Du würdest also nichts Verbotenes tun, wenn du mich küssen möchtest.« Er guckt mich mit schief gelegtem Kopf und Babykaterblick an. Dann lacht er, schon wieder, bevor ich etwas sagen kann. »Lass mal. Du hast einen Freund, schon kapiert. Und Erla hat mir eben gesagt, dass sie dich gebeten hat, sie auf eine kleine

Runde zu begleiten. Wer kann ihr schon etwas abschlagen! Soll ich dir absatteln helfen?«

Schwups, hat er Álfatrús Gurt gelöst, sich den Sattel auf den Unterarm gehoben und geht damit zum Stallgebäude.

Ich starre ihm sprachlos hinterher. »Was war das denn?«, frage ich den kleinen Wallach. »Muss der nicht Luft holen wie andere Menschen auch? Und wieso schwindelt Erla für mich?«

Álfatrú stampft ungeduldig mit dem Huf auf. »Ist ja gut, mein Süßer. Danke, dass du mich sicher getragen hast.« Ich ziehe ihm die Trense vom Kopf, damit er zu den anderen Pferden auf die riesige Hausweide brettern kann, was er auch sofort tut.

Das Tappen von kleinen Hufen auf dem Kies kündigt Yldís und Erla an. Sie wirft die Zügel ihrer Stute neben mir über den Holm und löst den Sattelgurt. »Ich hoffe, du verzeihst mir meine kleine Tüdelei?« Sie legt mir die Hand auf den Arm und sieht mich verschmitzt an.

Ich nicke. »Danke dafür.«

»Er ist ein lieber Junge. Sei nicht zu hart mit ihm. Ich glaube, Raik mag dich wirklich. Er weiß genauso wenig wie du, wie man sich richtig verhält, wenn es das ganze weitere Leben beeinflussen könnte.«

Sie schnalzt leise mit der Zunge, und Yldís spitzt die Ohren. »So. Und jetzt sag mir bitte, wo dieses neue Gästepaddock ist, damit meine Schöne sich ein wenig ausruhen kann und es nicht gleich mit fünfzig neugierigen neuen Freunden zu tun bekommt.«

Ich reibe mir verstohlen über die wummernden Schläfen und zeige neben den Auslauf für verletzte oder kranke Tiere. »Da hinten. Ich bringe euch hin.«

»Besser nicht«, widerspricht sie mir. »Ich habe das Gefühl, wir beide sollten uns schnell unsichtbar machen, denn da hinten kommen die ersten Reiter von ihrer Tagestour zurück. Geh schon voraus. Du brauchst Ruhe. Aber wenn du magst, komme ich mit einer Tasse Tee und einem Stück Kuchen für uns beide nach und lade mich auf eure Veranda ein.«

»Einverstanden.« Während ich langsam hinübergehe und das Nordlicht um meinen Hals streichele, wundere ich mich, woher sie weiß, welches Appartement Mom und ich inzwischen bezogen haben. Aber Erla ist Erla. Vielleicht hat sie es von Gunnar oder Raik erfahren. Außerdem hat dieser Hof ursprünglich ihren Eltern gehört. Ist also alles ganz rational erklärbar. Ich seufze. Wenn das doch immer so wäre.

Kári zitterte. Es fiel ihm schwer, sich zu beherrschen. Sein Vater stand dicht bei ihm. Einarr strahlte Respekt aus. Das bremste Neugierige wie Feindselige aus, sich Kári ungebührlich zu nähern. Es ließ ihnen Luft zu atmen im Gedrängel – und Kári hielt es davon ab, Elin Zeichen zu geben. Er versuchte es auf der Gedankenebene, aber er drang nicht zu ihr durch. Es war, als ob alle abgeschirmt waren, die vom Rat gehört wurden.

Er knetete das orange-blaue Halstuch, das tief in seiner Tasche verborgen war. Er hatte es ihr zeigen wollen, als Zeichen, dass sie verbunden waren, dass sie sich nicht zu fürchten brauchte. Aber er traute sich nicht, es hervorzuholen. Jeder, der es sah, würde wissen, dass es keinem der ihren gehörte. Auch wenn einige sich modern kleideten, die aus der Umgegend der großen Städte zum Beispiel. Dieser Stoff und seine Muster stammten nicht von der Insel. Sie waren wie Elin – fremd und auffällig und schön.

Was sie beide miteinander verband, das gehörte nicht zur heutigen Debatte. Gerüchte waren in Umlauf, das wusste er. Und sie hatten für Unruhe gesorgt, obwohl er deswegen schon vor Monaten vor den Ältesten gesprochen hatte. Jorúnn hatte ihm beigestanden. Sie hatte in den Runen gesehen, dass es sein Schicksal war.

Die Huldú waren abergläubisch. Kári war das alles egal. Er scherte sich nicht darum. Dass sie beide in Gefahr waren durch ihre Verbindung, vor allem Elin und auch die Pferde, das war eine ganz andere Sache. Und das allein lähmte ihn, hielt ihn davon ab, zu ihr zu laufen und, mit ihrer Hand in seiner, dem Rat erhobenen Hauptes Rede und Antwort zu stehen.

Dennoch konnte Kári seinen Blick nicht von Elin lösen. Sie sah benommen aus und verunsichert. Er merkte ihr an, dass sie immer noch unter Kopfschmerzen litt. Vermutlich nicht nur wegen des Sturzes, sondern auch wegen der Kräuter, mit deren Hilfe Freyja sie hierhergebracht hatte. Und weil sie sich immer noch nicht an die höhere Schwingung der Huldú gewöhnt hatte. Die Nachricht über ihre Ankunft und die Art, wie sie hergekommen war, hatte sich verbreitet wie ein Lauffeuer und für viel Unruhe gesorgt.

Kári fühlte mit ihr. Er schwitzte. Obwohl sie unter freiem Himmel standen und immer wieder aus vorbeiziehenden Wolken ein paar Tropfen auf die Menge fielen, war die Luft wie in einem Ofen und fühlte sich an wie Teig. Die Leute standen dicht an dicht in einem großen Kreis um Elin und den Rat der Ältesten herum.

Es musste unheimlich und einschüchternd sein, vor lauter Wildfremden im Zeugenstand zu stehen, Hunderten Blicken von Umstehenden ganz allein ausgeliefert. Morgen würde er dann selbst wissen, wie sich das anfühlte.

Kári erinnerte sich zu gut an seinen ersten Besuch in der Rauchbucht, in der großen Stadt, die sie Reykjavík nannten. Es hatte ihn so verstört, dass er für lange Zeit nie wieder dorthin zurückkehren wollte.

Er hätte Elin so gern getröstet, ihr zumindest mit den Augen signalisiert, dass er bei ihr war. Doch er durfte noch nicht einmal die Fäuste ballen, aus Sorge, dass dies falsch verstanden werden könnte.

Die Stimmung war gereizt. Er erfasste das mit seinen feinen Antennen, die ihn selbst in seiner Gemeinschaft zu einem Sonderling machten.

Vom Rand der Ratsversammlung schallte das Lärmen und Feiern weiterer Besucher über die Ebene herüber. Dort priesen Marktschreier und Bauern ihre Waren an. Und doch waren die Gassen zwischen den Ständen und Buden vergleichsweise leer, von spielenden Kindern und Betrunkenen vom Met einmal abgesehen.

Nahezu alle waren hier. Sie wollten das Lupinenmädchen sehen und tuschelten hinter vorgehaltener Hand. Kári fragte sich, wie viele von ihnen die Weissagung kannten. Welche von den vielen einfach nur schaulustig waren, weil man nur alle paar hundert Jahre einen Menschen in die Thingversammlung einlud und noch seltener einen sprechen hörte. Und letztlich, wer welche große Entscheidung befürwortete, von all jenen, die möglich waren und im Raum standen.

Es war aus einem weiteren Grund wichtig, dass man ihm nicht ansah, wie sehr er sich zu Elin hingezogen fühlte. Sein Wort galt mehr, wenn er neutral war, und er wollte unbedingt noch sprechen.

Diejenigen, die es wissen mussten, wussten es und hielten eine schützende Hand über sie, womöglich sogar beide Hände. Den Rest ging es nichts an. Denn: Für die Verfechter eines kompletten Rückzuges von der Menschheit – und das waren nicht wenige – wäre es wie ins Feuer gegossenes Öl. Sie würden Elin und ihn für das drohende Aufwachen der Hekla verantwortlich machen. Behaupten, dass die Mutter der Vulkane eine solche Verbindung nicht gutheiße, und auf alte Überlieferungen und Unkenrufe verweisen. Auf Begegnungen, bei denen es tatsächlich nicht gut gegangen war zwischen den Menschen und den Huldú. Aus denen Leid und Not hervorgegangen waren. Jorúnns Namen hatte er einmal in einem solchen Zusammenhang aufgeschnappt, aber er hatte sich keinen Reim darauf machen können. Und seine Eltern hatten geschwiegen. Je weniger er wisse, desto besser, zumindest für diesen Moment.

Es hatte immer schon Freundschaften gegeben zwischen seinem Volk und den Menschen. Sie waren sich in Träumen begegnet. Sie hatten Menschen aus Schneestürmen gerettet, Verirrten im Hochland auf den Weg zurück geholfen. Manche Kinder spielten zusammen.

Nie würde jemand aus dem Zusammenschluss der Huldúvölker einem Wesen in Not Gastfreundschaft oder Hilfe verweigern. Es spielte dabei keine Rolle, ob es um einen Topf, ein Bett oder eine warme Suppe ging.

Er wusste von einem Mann, der in seinem Fahrzeug gestorben wäre, hätten Elfen den Wagen nicht umgelenkt, als er sich bei einem Unfall überschlug. Auch wenn das zugegebenermaßen nicht ganz uneigennützig gewesen war: Das Auto wäre sonst direkt in ihren Garten oder sogar in die Wohnung gerauscht. Zum Dank hatte der Unfallfahrer den kompletten bewohnten Felsen auf die Westmännerinseln bringen lassen. Denn dieser sollte aufgrund der ständigen Vorfälle einer neuen Straßenführung weichen. Der Mann hatte sogar Fährtickets für die Elfen gelöst, damit sie ihn ganz offiziell begleiten konnten.

Die Geschichte hatte für viel Gelächter gesorgt, als die Familie sie vor dem Ältestenrat vortrug. Denn der verunglückte Autofahrer hatte zwar durch einen Weltenwanderer dolmetschen und fragen lassen, ob die Elfen dies begrüßen würden. Aber was hätten sie sagen sollen? Das großzügige Angebot ausschlagen und ihn damit vor den Kopf stoßen? Aus Höflichkeit und Anstand waren seine Retter ein paar Wochen auf den Inseln geblieben. Im Anschluss hatte es sie einige Mühen gekostet, wieder aufs Festland überzusetzen und eine neue Bleibe zu finden.

Es gab natürlich auch die Fälle, in denen die Huldú einschreiten mussten, um Grenzen zu setzen. Wenn achtlose Bauern ihr Land aus heiligen Flüssen bewässerten, ohne zu fragen. Wenn sie die Natur ver-

höhnten oder Straßen bauten quer durch Huldúland und Wohnstätten. Dann fielen rätselhafter Weise ihre Baumaschinen aus, Kühe gaben keine Milch mehr, oder die Ernte verdarb auf dem Feld. Manchen ging das nicht weit genug. Sie ließen sogar Vieh krank werden oder Pferde sterben.

Káris Vater versuchte stets, solche Eskalationen zu vermeiden und das Schlimmste zu verhindern. So manches wertvolle Tier hatte Einarr schwer krank und scheinbar verloren zu seinem Sohn auf den Hof gebracht, wo Kári es mithilfe von Jorúnns Kräutern gesund pflegte.

Wenn die Menschen einsichtig wurden und Reue zeigten, hatte es immer einen Weg zurück gegeben.

Und es gab ja auch umgekehrt genügend Geschichten. Von Elfenfrauen oder Huldú, die sich von Menschen Hilfe erbaten. Zu allen Zeiten war es möglich gewesen, Beistand bei Geburten zu erhalten, sich eine Milchkuh auszuleihen oder ein gutes Pferd. Es war stets ausgewogen gewesen. Ein gutes nachbarschaftliches Miteinander. Sie hatten die Ordnung eingehalten. Doch dann drängten mehr und mehr Fremde ins Land. Sie kamen nicht, um zu bleiben. Sie kamen, um zu staunen und zu sehen. Aber sie sahen nicht. Und sie trampelten blind über alles hinweg.

Das Gleichgewicht der Kräfte kippte. Immer weniger Menschen glaubten an seine Notwendigkeit. Sie stellten sogar die pure Existenz der Völkergemeinschaft infrage. Wie lächerlich! Als ob umgekehrt die Huldú beschließen würden, nicht mehr an Menschen zu glauben.

Nun, indirekt taten das viele. Kári schluckte, als ihm das klar wurde.

Viele Huldú glaubten tatsächlich nicht mehr an die Menschen. Daran, dass sie umkehren könnten, sich besinnen, auf die Warnungen der Hekla hören und auf all die anderen. Es war wohl wirklich so, dass Elin eine Ausnahme bildete – und das, obwohl sie sogar von weit her kam. Aus einem Land über dem Meer, in dem es beinahe siebzig Mal mehr von ihnen gab als hier. Das musste unglaublich voll sein. Vielleicht kamen deswegen so viele hierher.

Immer weniger Menschen nahmen die Huldú überhaupt wahr oder waren bereit, den ihnen verborgenen Kräften Respekt zu zollen. Doch es gab auch andere. Diejenigen, die die Erde feierten und wertschätzten, sie pfleglich behandelten und auch in ihrer Landwirtschaft und ihrem Konsum zurückhaltend und achtsam waren. Sie verzichteten auf Gifte und Überdüngung. Statt auszubeuten, gaben sie zurück – und nahmen nicht nur ihren Müll wieder mit, sondern bemühten sich, gar nicht erst welchen zu verursachen.

Der Rat wollte von Elin hören, wie es wirklich damit stand. Aus ihrer Sicht. Nicht aus seiner, die sie bereits kannten, sondern aus der unvoreingenommenen eines Menschen.

Und Elin redete. Stunde um Stunde antwortete sie geduldig auf alle Fragen. Anfangs unsicher, später immer interessierter und bereitwilliger, mit fester, klarer Stimme. Man bot ihr einen Stuhl an und gab ihr zu trinken. Die Zeit floss hier anders, als sie es gewohnt war.

Kári konnte sehen, dass sie Mühe hatte, die Aufmerksamkeit zu halten. Es ging ihr nicht gut, und Kári litt mit ihr oder sogar mehr als sie.

Einarr stieß ihn mit dem Ellbogen an. Auch ohne zu seinem Vater zu sehen, wusste Kári, was er falsch gemacht hatte. Schuldbewusst ließ er seinen Blick über die Ebene des Thingvellir schweifen. Er durfte nicht permanent auf Elins Lippen und auf ihre lupinenblauen Haare starren.

Wo war Freyja? Würde sie Elin wieder zurückgeleiten?

Kári stutzte. Er hatte sie verloren. Sie stand nicht mehr an der Brücke über den See, sondern war irgendwo im Gedränge verschwunden. Aber warum?

Dann war es plötzlich vorbei. Er hatte die Schlussworte der Ältesten nicht gehört. Jetzt strömte die Menge auseinander, weg von der Mitte, in der sich Elin befand, hin zu den Ständen mit Getränken und Essen. Kári kämpfte gegen den Strom aus Leibern, wurde gestoßen und riskierte Knüffe und Pöbeleien. Er wollte zu ihr. Sie sollte nicht denken, dass er sie ignorierte! Doch Elin war bereits fort. Nur das Gras war niedergedrückt, dort, wo sie gestanden und gesessen hatte.

Kári griff in seine Tasche und erstarrte. Noch etwas war fort. Das Halstuch.

Ungläubig sah er sich um. Wer tat so etwas? Wer? Und warum?

Jemand hatte es ihm gestohlen.

8. Streichhölzer und alte Schachteln

Wir galoppieren nebeneinander über den Sand, direkt an der Saumkante des Meeres. Über uns kreischen Möwen und singen ein wildes Lied von Ebbe und Flut. Die Hufe unserer Pferde trommeln über den Boden und liefern die Bassline für eine ungezähmte, ursprüngliche Musik. Ihr Schnauben und Prusten bilden die Tenorstimme dazu. Die Brandung peitscht den Atlantik gegen die Felsen und trägt einen weiteren Rhythmus bei. Sand und Gischt spritzen mir ins Gesicht. Sie hinterlassen einen feinen Sprühnebel auf meiner Haut. Die Sonne scheint und spiegelt sich funkelnd in jedem einzelnen Wassertropfen. Ich fühle mich frei. So unendlich frei und unbeschwert.

Tief über Ljósadís' Mähne gebeugt, stehe ich in den Steigbügeln und möchte schreien vor Glück.

Kári lenkt seine Schimmelstute neben mich. Er strahlt mich an. Seine Augen glitzern um die Wette mit der See. Er nickt mir zu, und wir geben den Pferden die Zügel frei. Mánadís und Ljósadís legen noch mehr an Tempo zu. Jetzt kann ich es nicht länger zurückhalten. Ich fülle meine Lungen, öffne meinen Mund und lasse es raus. »Ist das schöööööööööön!«

Ich schließe die Lider, weil mir der Wind Tränen aus den Augen treibt. Ich schluchze. All der Stress, die Anspannung, die

Angst der letzten Wochen strömen aus mir heraus, und dann ist da nur noch pures Licht. Ich schließe den Mund und genieße diesen Schwebezustand, in dem sich alles auflöst. So fühlt sich Frieden an.

»Elin?« Eine leise Stimme dringt zu mir durch.

»Hmm?« Ich rekele und strecke mich gähnend. »Nur noch einen Moment bitte.« Das Donnern der Hufe, das Meeresrauschen, alles wird leiser, wie runtergeregelt. Nur das Licht bleibt unverändert hell. Dann schaltet sich mein Verstand ein. Das war nicht real. Ich habe geträumt.

Ich blinzele und schaue in Erlas faltiges Gesicht. »Hmm«, mache ich enttäuscht, immer noch nicht ganz wieder hier angekommen.

»Tut mir leid«, sagt sie. »Ich wollte dich weiterschlafen lassen. Aber du wirst ganz nass. Es hat angefangen zu regnen.«

»Oh.« Ich reibe mir über die feuchten Arme. »Ja.« Dann schirme ich mit einer Hand meine Augen ab, um in den Himmel zu sehen. Auch so ein Islandphänomen. Die Sonne blendet mich, sie ist gleißend hell, und gleichzeitig treibt der Wind schwere grauviolette Wolken über uns hinweg, die das Wasser nicht halten können. Ich bin auf meinem Liegestuhl eingeschlafen. Wieder einmal wache ich mit einem schalen Gefühl von Leere auf.

Kári.

Wo mag er jetzt gerade sein?

»Wie lange bist du schon hier?«, frage ich Erla, lege die Decke beiseite und hänge meine Beine über die Kante des Liegestuhls, damit mein Kreislauf langsam in Schwung kommt.

»Eine Weile«, sagt sie lächelnd. »Du hast Schlaf gebraucht, um wieder zu Kräften zu kommen. Es ist anstrengend, zwischen den Welten zu wandern. Kuchen?«

Augenzwinkernd winkt sie mit einer Neigung ihres Kopfes in Richtung unserer Miniküche. Die Verandatür unseres Miniappartements steht offen. Der Wind lässt den Vorhang wehen wie eine Einladung, hereinzukommen. Unter dem Vordach, ein Stück hinter meiner Liege, steht ein Stuhl mit einer weiteren Decke, einer Lesebrille und einem Buch. Erla hat meinen Schlaf bewacht. Das ist irgendwie rührend.

»Danke«, sage ich leise.

Sie tätschelt meinen Handrücken und hilft mir auf. »Mach nur langsam.«

Schnell kann ich auch gar nicht. Meine Beine fühlen sich an wie Gummi, und ich kann nicht sagen, ob das an unserer wunderschönen Strandgaloppade liegt, die ich eben im Traum mit Kári erlebt habe – oder an meinem wirklichen Reitausflug mit Freyja vom Vormittag. Aus Erfahrung weiß ich, dass mir beides Muskelkater bereitet und sogar einen ganz ähnlichen Trainingseffekt hat, weil diese Träume immer auch auf seltsame Art mit meiner Realität verbunden sind.

»Was ist eigentlich Realität?«, sagt Erla leichthin.

Wir gehen vorsichtig ein paar Schritte, und sie wartet, bis ich Halt an der Tür gefunden habe. Dann geht sie zum Küchentresen und sucht in den Schubladen nach Kuchengabeln. »Ich frage mich das oft. Du dich nicht auch?«

»Oh ja«, antworte ich mit einem Stoßseufzer. »Wir haben nur Teelöffel. Linkes Schubfach.«

»Hab sie!«

Triumphierend winkend kommt sie zu mir zurück und setzt sich neben mich an den Tisch, an dem Mom gestern noch eins ihrer Marketingprojekte bearbeitet hat. Der Papierstapel liegt ordentlich zusammengeschoben unter ihrem Laptop. Die Computermaus obendrauf.

»Sind die anderen schon zurück?«

Meine Frage überschneidet sich mit Erlas. »Was macht dir am meisten Sorgen?«

Wir lachen. »Ich zuerst«, bestimmt sie, wirft ihren silbergrauen Zopf über die Schulter zurück und schiebt mir einen Teller mit einem gigantischen Stück Käsesahnetorte unter die Nase. »Das geht vermutlich schneller«, sagt sie mit vollem Mund. »Köstlich. Los, probier mal.« Sie schließt genüsslich die Augen und schluckt. »Das hier ist auf jeden Fall Realität!« Dann sieht sie mich an und sticht den Löffel erneut in die Sahnehaube. »Nein. Gunnar und deine Mutter sind spontan in ein Konzert in der Harpa gegangen. Es gab wohl noch Karten an der Abendkasse. Deswegen bin ich ja hier.« Sie lächelt. »Na ja, und um dich zu wecken, wenn du an Lagerfeuern einschläfst und dein Pferd sich langweilt.«

»Wie spät ist es denn?«, wundere ich mich und sehe auf meine Armbanduhr. 21.35 Uhr, behauptet die Digitalanzeige. »Später Kuchen, oder?«

Erla gibt mir kauend recht. »Ich brauche nach Ausflügen zu den Huldú immer Zucker. Du nicht?«

»Eigentlich habe ich noch nicht darüber nachgedacht«, gebe ich verwirrt zu, ziehe den Teller zu mir heran und lade mir einen Happen auf den Löffel. »Boah, lecker!«, seufze ich inbrünstig.

Man kann über Sophie denken, was man will, beim Backen ist sie eine Wucht. Aber es stimmt. Nach Touren mit Kári habe ich immer einen Mordshunger, und zwar egal, ob wach oder schlafend. Erstaunt bemerke ich, dass mein Magen heftig knurrt. Erla zaubert lachend noch zwei weitere Stücke aus unserem kleinen Kühlschrank. Ich grinse verlegen. Mein Süßspeisenkonsum ist in den letzten Monaten enorm gestiegen. Allerdings bin ich kein Stück dicker geworden. Ich dachte immer, das läge an der vielen Bewegung im Freien.

»Darüber musst du dir schon mal keine Sorgen machen«, sagt Erla.

Sorgen, ja, das ist ein gutes Stichwort. Aber wo anfangen? Ich habe tausend Fragen und zwei Millionen Dinge, die mich darüber hinaus umtreiben.

Erla sieht mich gütig an. An irgendwas oder irgendwen erinnern mich ihre Augen, aber ich komme nicht drauf.

»Geht es um die Weissagung und die Hekla?«, fragt sie aus heiterem Himmel ganz direkt.

Ich reiße die Augen auf. »Ja. Könnte man sagen. Auch«, stammele ich. »Was weißt du darüber?«

Erla sieht mich neugierig an. »Nicht viel«, sagt sie schließlich. Die Huldú machen nicht nur gute Erfahrungen mit unsereins. Vor einigen Jahren noch konnte man sich überall ganz offen über Elfen und andere Unsichtbare austauschen. Fast sechzig Prozent der Bevölkerung waren von ihrer Existenz überzeugt. Das ist mehr als in jedem anderen Land der Erde. Jeder konnte über eigene Erlebnisse berichten oder kannte zumindest jemanden, dem schon einmal eine Begegnung zuteilgeworden war. Entsprechend respektvoll und behutsam sind die Isländer damals mit der Natur, mit dem Bau von Straßen oder Gebäuden und dem Erschließen von Land umgegangen. Inzwischen ist das anders. Es scheint, je mehr Touristen in das Land strömen, desto wichtiger ist es den Einheimischen, modern und aufgeklärt zu wirken. Die Verzauberung unserer Welt schwindet.«

»Das ist sehr schade«, murmele ich.

»Das finde ich auch«, sagt Erla bedächtig. »Die Huldú verstehen nicht, wie wir unsere Welt derart ausbeuten können und wieso wir sie achtlos ständig weiter verschmutzen. Solange sie da sind, auch in den Köpfen der Menschen, verhindern sie das Schlimmste. Wenn ein Bagger nicht mehr funktioniert, Maschinen kaputtgehen oder Tiere krank werden, denkt tatsächlich manchmal jemand nach, was er da tut.«

»Huldú-Aktivisten. Cool.« Ich muss grinsen, als ich mir Kári und Freyja vorstelle, wie sie einen Radlader sabotieren. »Aber was hat das mit dieser Weissagung zu tun?«

Erla hebt die Schultern. »Alles, was ich darüber weiß, ist, dass eine Zeitenwende ansteht, wenn …«

Wir werden von einem enormen Getöse unterbrochen. Draußen drehen die Pferde durch. Hufgetrappel und Wiehern lärmen durcheinander. Dazwischen höre ich … einen Wolf heulen? Mein Puls rast, und meine Nackenhaare stellen sich auf.

»Was ist da los?«, frage ich und will hinausstürzen.

Aber Erla hält mich am Arm mit erstaunlicher Kraft zurück.

»Was …?«, frage ich und drehe mich zu ihr um. Ich pralle mit dem Gesicht wie in eine unsichtbare Wand, die sie mit einem Wischen ihrer Finger vor mir aufbaut.

»Schlaf.« Erlas Hand kreist vor meinen Augen, und mir wird schwummerig. Ich taumele, und Erla fängt mich auf. Aber da bin ich schon in einem traumlosen Nichts gestrandet.

Um mich herum ist alles dunkel. Ich öffne die Augen. Doch da ist nur Schwarz. Undurchdringliche Finsternis. Sonst nichts.

»Wo bin ich?«, murmele ich benommen. Meine Stimme hallt. Es riecht modrig und feucht. In einiger Entfernung nehme ich ein leises Plitschen wahr. Wie Wasser, das von einer Höhlenwand tropft. »Erla?«

Oh nein. Das kommt mir nur allzu bekannt vor. Wochenlang habe ich mich ständig in dieser Höhle gefunden. Nacht für Nacht. In meinen Fieberträumen, nachdem wir das erste Mal von Island nach Hause zurückgekehrt waren und ich mit heftigen Grippesymptomen im Bett gelegen habe. Die verschiedenen Arzneien, die Mom aus der Apotheke und vom Arzt anschleppte, bewirkten kaum etwas. Da kam sie auf die Idee, aus Káris Kräutern, die er mir geschenkt hatte, einen Tee zu bereiten. Der hatte mich schon senkrecht gehalten, kurz bevor wir losgeflogen waren. Und damit ging es tatsächlich wieder bergauf.

Diese Höhle also. Ich dachte, die hätte ich hinter mir. Wie in einem dieser blöden Handyspiele, bei denen man das nächste Level erreicht, wenn man eine Aufgabe gelöst hat.

Mein Hals ist trocken. Ich habe kaum Spucke, um zu schlucken. Wo bin ich hier? Warum bin ich hier?

»Elin!« Eine Stimme hallt in der Höhle wider.

»Erla?«, wundere ich mich im ersten Moment. Hat sie mich gehört? Ist sie hier? Wie ist das möglich?

Aber die Stimme klingt anders. Dunkler irgendwie. Passend zur Umgebung. Meine Sinne spielen verrückt. Mir steht kalter, klebriger Schweiß auf der Stirn, aber ich zittere so sehr, dass meine Zähne klappern. Ich habe mich wohl getäuscht.

»Elin. Weltenwanderin, Weltenwandlerin. Es hat angefangen. Hab keine Angst. Folge deiner Bestimmung, folge den Schicksalsfäden, die die Nornen für euch weben. Kämpfe und sei stark.«

Ich richte mich vorsichtig auf, ziehe die Knie unter mein Kinn und umfasse sie mit den Armen. Ein Mantel aus klammem Schwarz umhüllt mich. Kalt und feucht. Ich friere, und mein ganzer Körper schmerzt. Ich bin tatsächlich zurück in diesem Traum. Eins zu eins.

Und doch – etwas ist anders. Da ist jemand: Da war immer diese Stimme, aber diesmal hat sie einen Körper. Ich habe Gänsehaut. Ich kann es spüren. Meine Nackenhaare sind sich sicher. Ich fühle, dass ich nicht allein bin.

»Wer ist da?«, flüstere ich in die Dunkelheit.

Ein weiteres Geräusch gesellt sich zu dem steten Tröpfeln, ein schabendes Kratzen. Ich zucke zusammen und ziehe den Kopf ein. Dann ritscht es. Ein Streichholz wird entzündet und wirft einen flackernden Lichtschein auf eine Gestalt in einer bodenlangen braunen Kutte. Sie hockt sich mit etwas Abstand zu mir hin und hält so etwas wie eine kleine Fackel. Ihr Gesicht ist durch den Schatten der Kapuze halb verborgen, aber ich höre wieder diese tiefe, beinahe überirdisch gütige Frauenstimme sprechen.

»Hab keine Furcht, Elin. Du stehst unter allerhöchstem Schutz. Bring Licht hinein, Weltenwanderin, Weltenwandlerin.«

»Wer bist du?«, frage ich. Mein Puls rast und pocht wild an meinen Schläfen, und mein Herz klopft so laut in meiner Brust, dass ich Mühe habe, mich auf irgendetwas anderes zu konzentrieren. »Woher kennen Sie meinen Namen?«

»Elin, hör mir zu. Vor uralter Zeit wurde ein Pakt geschlossen zwischen den Völkern. Kári, die zwei Pferde und du. Ihr seid Teil der Weissagung, so wie ich sie verstehe. Du bist besonders. Eine Weltenwanderin. Jede Generation bringt eine hervor, aber nur eine diese vier. Es braucht Elemente, die sich nie wieder berühren sollten, um den Pakt zu erneuern oder zu brechen, auf alle Zeit: Alle Lichter und sämtliche Farben des Himmels müssen sich vereinen mit in Liebe verbundenen Sichtbaren und Unsichtbaren auf der Erde. Luft, Wasser, Feuer und Erde – zur selben Zeit am selben Ort. In vielfach doppeltem Sein kann alles erlöschen oder neu geboren werden. Denn Tod bringt Leben und Leben den Tod.«

»Ich verstehe kein Wort«, rufe ich verzweifelt. Aber ob ich etwas sage oder in China ein Sack Reis umkippt: Sie geht nicht darauf ein. Im Gegenteil. Ungeduldig fährt die Gestalt fort, so als habe sie keine Zeit für solche Kinkerlitzchen wie meine Todesangst.

»Auch Freyja ist ein Teil des Ganzen, genau wie der Riese, den ich in diese Welt gebracht habe, und die Hekla, die unser aller Mutter Herz verkörpert. Wenn es erkaltet, stirbt diese Insel und wir mit ihr. Weil unter Asche kein Leben möglich ist. Wenn sie verblutet, weil ihr Innerstes explodiert, gibt es ebenfalls kein Morgen mehr, denn auch im Feuer kann nichts Lebendiges bestehen. Die Hekla wird nicht sterben. Sie ist unvergänglich – ein Phönix, der aus eigener Asche wieder ersteigt. Aber ihr seid sterblich. Der Preis unserer Erneuerung ist immer der Tod.«

»Ich verstehe das alles nicht«, rufe ich noch mal dazwischen. »Ich habe Angst, ich will hier raus. Bitte, zeigen Sie mir, wo der Ausgang ist! Ich will das nicht.«

Sie ignoriert mich – abgesehen von der Tatsache, dass sie mich bei den Schultern packt und schüttelt, bevor sie eindringlich fortfährt. »Gib nicht auf, Elin, Weltenwanderin. Du kannst es wandeln, und du wirst es. Gib nur nicht auf. Vertrau auf dein Schicksal. Vertrau den alten Göttern, auch wenn es nicht die deinen sind. Nur wenn du es nicht tust, ist alles verloren. Ihr habt eine Aufgabe. Du hast eine Aufgabe. Stellt euch der Zukunft. Geh weiter.«

»Aber wohin denn?«

Keine Antwort.

»Bist du Jorúnn?«

Sie streckt ihren Arm aus, hält mir ein kleines, flaches Päckchen hin und lässt es in meine zitternde Hand fallen.

»Sind das Streichhölzer?«, frage ich verblüfft. »Was soll ich denn …?« Doch als ich meinen Blick hebe, ist ihre Minifackel erloschen. Wie jetzt! Ist sie fort?

»Verdammte Scheiße!«, heule ich auf.

Ihre Stimme klingt jetzt viel weiter weg. »Bring Licht dorthin, wo es am dunkelsten scheint. Dann wird euch nichts geschehen. Ich habe es gesehen. Die Runen kennen die Zukunft. Sie irren sich nie.«

Ich spüre einen eisigen Windhauch.

Dann ist sie verschwunden.

Na toll. Und jetzt?

Erst mal tief durchatmen. Ich taste nach den Streichhölzern in meiner Hand. Wo ist die Reibefläche? Auf welcher Seite ist das Zündholz in Schwefel getaucht? Hab's. Gefunden. Ich ratsche. Nichts. Noch mal. Mit einem Zischen wird es hell.

Ich sitze im Schneidersitz auf dem Sessel in unserem Miniappartement.

Erla ist verschwunden.

Die Verandatür steht offen, der Vorhang bauscht sich im Wind. Ich frage mich, wie ich hierhergekommen bin. Und von hier weg!

Irgendwas war komisch daran. Aber ich habe vergessen, was, sosehr ich auch nachdenke und grübele. Weltenwanderin.

Ich habe Gänsehaut, und ich bin verzweifelt. Es ist, als werfe jede Antwort, die ich bekomme, tausend neue Fragen auf.

Aber bevor ich mich damit auseinandersetzen kann, dass ich ein abgebranntes Streichholz und die dazugehörige Schachtel aus diesem sonderbaren Traum in der Hand halte, trägt eine Bö Brandgeruch zu mir herein.

Im ersten Moment denke ich: Oh, wie heimelig, ein knisterndes Kaminfeuer. Dann realisiere ich die aufgebrachten Rufe, Huftrappeln, wiehernde Pferde. Da draußen herrschen noch mehr Panik und Durcheinander als in mir drin.

Was ist passiert? In der Zwischenzeit, während ich weg war? Ich stolpere zur Tür.

Das Heulager brennt.

Ich lasse die Streichholzschachtel fallen, als würde sie selbst glühen. Dann renne ich.

Der Riese schwieg. Sie standen unterhalb der zerstörten Nidstange, auf dem Hügel im Geothermalgebiet. Das Absperrband der Polizei war gerissen. Seine Enden flatterten im Wind. Ab und an schlugen sie gegen die Felsbrocken, mit denen der Pfahl verankert gewesen war.

Jemand hatte den Pferdekopf entfernt, das Dreibein umgesägt und sogar mühevoll die mit Blut geschriebenen Runen abgewaschen.

Das Gesicht des Goden war eine geringschätzige Fratze. Als ob das einen Unterschied machte.

Verächtlich trat er gegen das Holz. Die Saat war in fruchtbaren Boden gelegt, der Dünger gestreut und das Ganze begossen. Er brauchte nur noch zusehen, wie sie aufging, und sich daran erfreuen. Fast war es so weit. Ein Tag noch, maximal zwei. Der Mond füllte sich morgen. Die Ernte würde gewaltig sein.

Er drehte sich zu Freyja um, die gefesselt vor ihm kniete.

»Tu es.«

»Niemals!« Freyjas Kinn bebte vor Zorn. »Eher sterbe ich.«

»Das kann schneller gehen, als du denkst, Kleines. Ist es dir das wirklich wert?« Seine Hand fuhr zu dem mit Juwelen besetzten Griff seines Dolchs.

Freyja drehte ihren Kopf weg. Sie biss die Zähne zusammen und schwieg.

»Du dummes, stures Miststück.«

»Eure Worte verletzen mich nicht. Ich bin bereit zu sterben.« Trotzig reckte sie das Kinn vor und starrte in die Ferne.

Der Riese tobte innerlich. Zu gern würde er diesem dreckigen Bauernmädchen ein für alle Mal das freche Maul stopfen. Aber er beherrschte sich. Mühsam unterdrückte er seinen Zorn. Er wartete noch, bis er seine Faust, die den Dolch umschloss, wieder unter Kontrolle hatte. Er durfte jetzt nicht einfach impulsiv handeln. Das wäre fatal für die Sache.

»Und ist es dein Pferd auch?«

»Blika?« Freyjas Augen weiteten sich vor Entsetzen, als der Gode sein Messer zückte und langsam auf die Stute zuschritt, die ahnungslos zwischen Moosflächen und Steinen nach Gras suchte.

Als sie ihren Namen hörte, hob Blika den Kopf.

»Lauf!«, schrie Freyja. Aber obwohl er so riesenhaft und plump wirkte, war der Bärtige schneller. Er packte die Zügel der Stute und hielt sie eisern fest, sosehr die Stute sich auch wehrte.

»Bist du immer noch sicher, dass du es nicht tun willst?«

Freyja konnte die Tränen nicht länger zurückhalten. »Niemals«, schluchzte sie. »Ich diene Euch nicht mehr.«

»Dann wähle«, sagte ihr finsterer Lehrherr kalt.

Freyja konnte kaum atmen. Dieses Pferd war ihr Leben. Aber sie würde ihre Freunde nicht verraten. Sie betete nur, dass er Blika einen schnellen Tod schenken würde.

»Wo soll ich das Messer ansetzen?« Der Rothaarige hielt es stoßbereit auf die Höhe von Blikas Herz. »Hier? … Hmm …« Mit der Waffe in der Hand strich der Gode über seinen roten Bart und suchte eine neue Stelle. »… oder vielleicht doch besser hier?« Er hielt es gegen Blikas Hals. Weil die Stute so zappelte, ritzte er ihre Haut. Ein hellrotes Rinnsal tropfte über das mausfalbe Fell.

Freyja schrie auf.

»Oh«, machte der Gode. »Ich sollte wirklich üben, damit ich es richtig mache, wenn ich anschließend deine kleine Schwester besuche. Ich will ja kein Gemetzel anrichten. Sie ist so süß und unschuldig, findest du nicht? Ich will ihr nicht wehtun.«

Freyja brach zusammen. »Es ist gut. Hört auf. Bitte. Schont meine Familie. Ich tue, was Ihr befehlt.«

»Na, geht doch.« Zufrieden ließ der Riese die Stute los. Er steckte seinen Dolch in die reich verzierte Lederscheide und machte einen Schritt auf Freyja zu. Sie hielt ihn für ein Monster. Aber ihre Furcht erfüllte den Zweck. Wunderbar.

Blika stürmte davon. Das brachte ihn einen kurzen Augenblick lang aus dem Konzept. »Ungezogenes Ding«, murmelte er kopfschüttelnd. Dann sammelte er sich und trat zu.

»Das ist dafür, dass du dein Pferd nicht besser erzogen hast. Jetzt lass uns arbeiten.«

Die Wucht seiner Stiefelspitze in ihrem Magen raubte Freyja jede Luft zum Atmen. Sie krümmte sich und rollte auf die Seite, damit der Dunkle ihr Gesicht nicht sah.

Dann ließ sie ihren Tränen freien Lauf. Sie hatte versagt. Atemlos wimmerte sie: »Vergebt mir, Freunde.«

9. Das Kuchenkomplott

Verliere ich möglicherweise einfach nur den Verstand? Ist es das, was hier passiert? Halluziniere ich, seit ich mir diese blöde Gehirnerschütterung zugezogen habe? Sind das alles nur Einbildungen? Hirngespinste meines kranken Kopfes? Albträume? Oder schlimmer noch: Habe ich Wahnvorstellungen? Absencen? Tue ich im Wachzustand Dinge, von denen ich nichts weiß? Schlimme Dinge? Wie Feuer legen zum Beispiel? Immerhin höre ich Stimmen. Und mache amtlich mit unsichtbaren Wesen rum. Ich habe sogar Elfen gesehen, glaube ich zumindest! Bin ich jetzt unter die Brandstifter gegangen?

Verdammt, verdammt, verdammt. Du wolltest rationale Erklärungen haben, Elin? Hier hast du sie: Du bist ganz offensichtlich eine durchgeknallte, auf den Kopf gefallene, posttraumatische Psychopathin!

Aber *warum* sollte ich Feuer legen? Das ergibt doch keinen Sinn! Ich balle unwillkürlich die Fäuste. Meine Finger sind schweißnass.

Aus Eifersucht?, analysiert eine diabolisch klingende Stimme in meinem Inneren. Um die Liebesbeziehung deiner Mutter zu sabotieren? Ich schüttele den Kopf und presse mir die Hände gegen die wummernden Schläfen. Ich will das nicht hören. Ich will es nicht denken. Das ist grausam. Und es scheint mir auf eine äußerst schreckliche Art durchaus logisch.

In hilfloser Schockstarre beobachte ich die Menschen auf dem Hof. Ein paar haben die im Stall verbliebenen Pferde in den Paddocks zusammengetrieben und in Sicherheit gebracht. Die Tiere auf den Weiden sind ohnehin in Sicherheit. Sophie, Jördis und eine Praktikantin kämpfen mit Feuerlöschern und dem dicken Wasserschlauch gegen die schweren Rauchschwaden an und versuchen, zum Brandherd vorzudringen. Zum Glück hat es geregnet. Alles ist feucht, und da hier sowieso kaum mit Holz, sondern eher mit Blech und Beton gebaut wird, ist die Gefahr gering, dass Flammen oder Glut auf die Stallungen oder andere Gebäude übergreifen könnten.

Einige Gäste haben eine Kette gebildet und reichen Wassereimer weiter. Raik steht in der Mitte, wickelt immer mehr Schlauch ab und telefoniert, das Handy zwischen Kinn und Schulter geklemmt. Als er mich sieht, winkt er wild.

Da endlich kommt wieder Leben in mich.

Das alles ist Quatsch. Ich liebe diese Anlage, dieses Land, die Tiere und ihre Menschen. Niemals würde ich so etwas tun. Im Gegenteil. Alles würde ich wagen, um sie zu schützen.

Da greift eine andere Hand nach meinem Herzen und drückt zu. Mir wird schlecht. Jetzt weiß ich es wieder. Erlas Hand vor meinem Gesicht. Hat sie mich in den Schlaf hypnotisiert, bevor ich Fragen stellen konnte? Das war in der Sekunde, als das Chaos losbrach! Erla? Was hat sie mit all dem zu tun? Mit dem Feuer?

»Wo ist deine Großtante?«, brülle ich gegen den Lärm der Flammen und der Feuerlöscher an.

»Bei den Mutterstuten auf der Weide«, schreit Raik zurück.

Ljósadís.

Ljóri.

Der Klammergriff um mein Herz wird heftiger. Er ist kaum noch auszuhalten. Ich laufe.

Ich renne.

Meine Lunge sticht.

Keine Zeit.

Mein Kopf fühlt sich an wie in einen Schraubstock gepresst.

Ich ignoriere auch das.

Sie sind hier sicher, Elin.

Ich glaube das nicht länger.

Ich glaube gar nichts mehr.

Ich habe keine Ahnung, was ich denken soll.

Und auch dafür ist keine Zeit.

Der Weg um die Hotelanlage herum zieht sich endlos. Ich keuche vorbei am Speisesaal – da sitzen tatsächlich Leute drin und trinken Cocktails, als ginge sie das überhaupt nichts an.

Küche, Vorrat, Kühlung, Büro … ich habe Seitenstiche, aber ich renne immer weiter, wahrscheinlich taumele ich eher, aber das ist egal. Es fühlt sich an, als würde mir jemand ein Messer durch den Blinddarm ziehen und versuchen, durch die Lunge wieder rauszukommen.

Endlich erreiche ich die Hausecke. Nur noch über den Parkplatz. Ich kann sie schon sehen. Meine Füße hacken über den Schotter. Ich schaffe das.

Erla steht bei den Pferden, etwa zehn Meter von ihnen entfernt, mit dem Rücken zu mir. Zu ihren Füßen liegt ein großes dunkles Bündel, und es sieht so aus, als ob sie darin herumwühlt.

Die Tiere haben einen Kreis gebildet, wie die Planwagen der Siedler bei einem Indianerangriff im Western. Dicht auf einen Haufen gedrängt halten die Mutterstuten Wache. Die Fohlen haben sie in ihre Mitte genommen. Ihre Nüstern sind gebläht, die Köpfe erhoben. Ich höre ihr Schnorcheln und Prusten, spüre die Unruhe körperlich. Sie riechen den Rauch. Ljósadís stampft ärgerlich mit dem Vorderhuf. Als sie mich sieht, wiehert sie durchdringend.

Erla dreht sich zu mir um. Ich bin noch zu weit weg, als dass ich ihren Blick deuten könnte, da kommt Leben in das Bündel. Es zappelt und versucht, aufzustehen, wirkt aber sehr geschwächt. Kári?, denke ich aus einer völlig unlogischen, irrationalen Hoffnung heraus. Ist er verletzt? Hat sie …? Oh Gott …

Für den Bruchteil einer Sekunde bilde ich mir ein, einen Wolf gesehen zu haben, ein großes, anmutiges Tier. Doch im nächsten Moment erkenne ich, dass da ein Fohlen liegt.

Erla hat einen dunklen Strohwisch in der Hand. Erschöpft streicht sie sich eine silbrige Haarsträhne aus dem Gesicht. Ihr Handrücken hinterlässt eine blutige Spur. Und dabei lächelt sie mich an.

»Es ist ein kleiner Hengst. So steckt doch immer wieder in allem Üblen etwas Gutes verborgen.«

»Was zum …?«

Endlich bin ich nah genug. Das Fell des Fohlens ist dunkel und verklebt. Es ist nass von Blut – und aus seinem Bauch hängt irgendwas. Eine Schnur? Ist das …? Dann ist … Ich pralle zurück. Jetzt verstehe ich gar nichts mehr. Vor meinen Augen tanzen Sterne, und ich würde mich gern irgendwo festhalten, aber da ist nichts. Meine Beine zittern.

Erla lächelt mich immer noch an. »Zu Vollmond wollen sie alle raus. Der Kleine hat es wohl nicht mehr abwarten können. Ist es nicht immer wieder faszinierend? Dieses Wunder des Lebens! Die Füßchen lagen nicht ganz richtig. Ich musste ein bisschen helfen.«

Ich kämpfe mit meinem Kreislauf. Mein Verstand versucht verzweifelt, die Bilder neu zu sortieren. Erst jetzt nehme ich überhaupt wahr, dass die Mutter des Kleinen dicht hinter Erla und dem Fohlen steht. Mit gesenktem Kopf, leise blubbernd kommt sie näher, stupst ihr Neugeborenes zärtlich mit dem Maul an und beginnt, es abzuschlecken. Unter ihrem Schweif lugt baumelnd noch immer die Nachgeburt hervor.

Erla bedeutet mir mit einem Wink ihres Kopfes, zurückzutreten. Sie hakt sich bei mir unter, und mein erschöpfter Körper schert sich einen Dreck um meine konfusen Horrorfantasien. Kurz bevor meine Knie den Dienst quittieren, lehne ich mich mit dem vollen Gewicht gegen sie. Meine Lunge brennt. Mein Gesicht auch. Wie konnte ich so etwas Furchtbares denken?!

»Hübsch langsam mit den jungen Pferden«, schmunzelt Erla. Sie schwankt ein wenig. »Haben die alles im Griff da drüben?«, will sie von mir wissen.

Ich folge ihrem Blick in Richtung der Gebäude. »Ich glaube, es sah schlimmer aus, als es war«, murmele ich betreten und verwirrt.

Über dem Heulager steigt nur noch eine fadendünne Rauchfahne in den Himmel. Sie wird vom Wind auseinandergetrieben.

Ich warte, dass mein Atem sich endlich halbwegs beruhigt. Am liebsten würde ich mich in einem Mauseloch verkriechen. »Es tut mir so leid, Erla. Ich dachte …«

Erla dreht sich mit mir zusammen um. Wir schauen zu der Stute und ihrem Fohlen. Es ist bereits aufgestanden und sucht nun auf wackeligen, viel zu lang geratenen Beinstelzen nach der Milchquelle. Allerdings zwischen den Vorderbeinen. Ungeduldig schubst die Mutter ihren Sohn in die richtige Richtung.

Erla nickt bedächtig. »Du dachtest, dass der Brand ein Ablenkungsmanöver sei. Ja. Das war mir auch sofort klar, als ich die Motorräder gehört habe. Deswegen bin ich hierhergelaufen, so schnell ich konnte. Der Schutz hält. Das habe ich nicht anders erwartet. Die Übeltäter sind halbwegs unverrichteter Dinge wieder abgezogen. Aber für werdende Mütter ist so was trotzdem ein bisschen viel Aufregung.«

Sie lächelt mich wissend an. »Für gewisse junge Mädchen auch, schätze ich.« Sie räuspert sich. »Ich hatte ein bisschen Sorge, dass du etwas Unüberlegtes tun würdest. Ich muss mich bei dir entschuldigen.«

Sie sich bei mir? Noch nie war mir etwas so peinlich und unverständlich. Zwar registriere ich ihren Seitenblick. Aber ich mag jetzt einfach nicht darüber nachdenken, was genau sie damit meint. Motorräder ...?

»Wir sind neulich von Motorrädern verfolgt worden. In den Bergen«, murmele ich. »Könnten das dieselben Typen sein? Brandstifter? Aber warum?«

Erla versteift sich neben mir. »Wie gesagt, das war nur eine Ablenkung. Elin, hör mir zu. Verlass diesen Hof nicht allein. Schon gar nicht mit Ljósadís. Die Männer des Goden schrecken vor nichts mehr zurück. Erinnerst du dich an unsere Begegnung im Hochland? Als du dich im Nebel verirrt hast und ich Ljósadís zurückgebracht habe? Du hast ihre Stimmen auch gehört, nicht wahr? Sie haben euch da schon gesucht.«

Ich nicke schaudernd bei der Erinnerung. Die Männergruppe hatte ich schon fast vergessen. Bis eben hatte ich geglaubt, dass es einfach Wanderer waren, die wie wir vom Nebel überrascht worden waren. Das war während unserer mehrtägigen Reittour gewesen.

Mit Birta und Theres, Amy und unseren Müttern und einer Handvoll frei laufender Begleitpferde wollten wir den alten Königsweg hinauf. Dann haben sich alle unter sonderbaren Umständen den Magen verdorben. Wir sind in einer Hütte eingekehrt, ich habe Ljóri wiedergefunden, und dann ist mir die Höhle auf den Kopf gefallen. Moment mal.

»Der Gode?«, hake ich ein. »Du weißt von ihm?«

»Mehr, als mir lieb ist«, sagt Erla leise. »Wollen wir zurückgehen?«

»Nur noch einen Augenblick«, bitte ich. Der kleine blonde Hengst nimmt mich total gefangen, wie er mit wedelndem Schwänzchen versucht, sein Gleichgewicht zu halten. Ein Stück heile Welt in all dem Chaos.

»So süß«, flüstere ich ergriffen und frage mich unvermittelt, welchen Braunton sein Fell wohl haben wird, wenn es vollständig getrocknet ist.

Die Männer von irgendeinem Godenfürsten sind hinter uns her?, schießt es mir plötzlich durch den Kopf. Das ist alles ein bisschen too much. Ich bin total kaputt.

Ljósadís löst sich aus der Gruppe der Pferde und kommt gemächlich auf uns zu. Ihre Alarmbereitschaft scheint vorbei. Die

Stuten haben sich beruhigt, die Gruppe verläuft sich, nachdem sie den Neuankömmling gebührend bestaunt hat.

Brummelnd reibt meine kleine Nordlichterfee ihren Kopf an meiner Schulter. Träge gleite ich mit meiner Hand über ihren Nasenrücken, hinauf bis unter ihren dichten Wuschelpony. Dann lasse ich meine Stirn gegen ihre sinken und schließe für einen Moment die Augen. Ich will, dass ich mir das alles nur einbilde. Ich habe schon immer eine lebhafte Fantasie gehabt, sagt Mom. Ich bin eine ganz normale Islandtouristin: Elin aus Hannover, fünfzehn Jahre alt, mitten in der Pubertät und ein bisschen durcheinander.

»Ich würde niemals zulassen, dass ihr etwas geschieht«, sagt Erla leise.

Ich nicke betreten und erwidere standhaft ihren Blick. Aus dieser schrägen Elfennummer komme ich wohl nicht mehr raus.

»Ich weiß das.« Als ich es ausspreche, wird mir klar, dass es die Wahrheit ist. »Würdest du es mir trotzdem noch mal ganz fest versprechen?«

Sie sieht bis tief in meine Seele. Ihre Augen schimmern wässrig. Die Bindehäute sehen dagegen beinahe unnatürlich gerötet aus. »Ich verspreche es dir, Elin Weltenwanderin. Bei meinem Leben.«

Ich schlucke und stutze einmal mehr. Woher weiß sie denn davon auch schon wieder? Ich habe mich doch nicht verhört, oder?

Gerade als ich nachfragen will, kommen Mom, Raik und Gunnar auf uns zugerannt.

»Da seid ihr ja!«, ruft meine Mutter schon von Weitem. »Kann man euch denn nicht mal einen einzigen Nachmittag allein lassen?«

»Na ja«, grinse ich müde. »Ist ja inzwischen beinahe Morgen.« Ich zeige auf den Beinahe-Vollmond, der knapp überm Horizont neben der Mitternachtssonne am Himmel steht. Ich bemühe mich, locker zu klingen. »Ihr habt eine Fohlengeburt verpasst. Und das Barbecue ist ein bisschen aus dem Ruder gelaufen, schätze ich. Und bei euch so?«

Mom seufzt und drückt mich fest an sich. Raik bietet Erla den Arm an. Gunnar hakt sie von der anderen Seite unter, nachdem er sich kurz vergewissert hat, dass es der Stute und dem kleinen Hengst gut geht.

Erla sieht sehr klein aus neben ihm. Zerbrechlich und kraftlos. Ich hätte eher sie stützen müssen statt sie mich. Es ist nicht mehr viel zu sehen von der rüstigen alten Dame, die ich sonst kenne.

Bei meinem Leben, klingt ihre Antwort in mir nach, und ich muss noch einmal kräftig schlucken.

Was für ein schräger Urlaub.

»Wie sieht's aus, Chef?« Einer der Männer in den Camouflage-Overalls trat vor. Die anderen standen unten bei ihren Maschinen. Unsicher machte er einen weiteren Schritt auf den Goden zu. »Lief doch alles, wie Sie es wünschten, oder?«

Der Gode fixierte ihn mit seinen tief liegenden Augen, und der Mann blieb eingeschüchtert stehen. Es waren Norweger. Ausländer, für die er nichts übrighatte. Aber immerhin hatten sie gemeinsame Wurzeln. Sie waren nützliche Werkzeuge.

»Das Feuer hat keinen großen Schaden angerichtet.«

Der Motorradfahrer klopfte gegen seinen Helm und nickte eifrig. »Genau wie Sie geplant hatten. Die Pferdchen haben wir auch ordentlich aufgescheucht. Wir hätten noch mehr Gas gegeben, aber da kam wieder diese alte Schreckschraube angewackelt und –«

Der Gode brachte seinen Handlanger mit einer wischenden Bewegung seines Armes zum Schweigen. »Ich will das nicht hören. Belanglosigkeiten. Was ist mit dem Mädchen?«

»Was soll mit ihr sein?«, fragte der Mann nervös. »Ich dachte, wir dürften noch nicht –?«

»Alles in Ordnung. Ich kümmere mich selbst. Hat sie Verdacht geschöpft?« Der Blick des Goden hatte etwas Lauerndes.

»Woher soll ich das wissen? Bin ich Jesus? Kann ich hinter die Stirn der Kleinen gucken?«

»Ganz sicher nicht«, erwiderte der Gode und setzte abfällig ein »Menschen, Abschaum der Erde!« hinterher.

»Vorsicht, Meister. Immer schön gechillt bleiben, ja? Also, was ist dann mit der Kohle?«

Die Augen des Riesen glitzerten. »Selbstverständlich.«

Er zog einen schweren Lederbeutel aus seinem Umhang und schleuderte ihn so, dass er einen Meter neben dem Biker auf der dampfenden Erde aufschlug und direkt gluckernd einsank. »Ich melde mich, sollte ich euch noch einmal brauchen. Aber ich glaube, eher nicht.«

Er drehte sich um und stapfte aus der Gefahrenzone mit dem trügerischen, heißen Boden.

Die Schreie ihres Gefährten lockten die beiden anderen Männer an.

»Hey! Was ist da oben los?«, wollte einer wissen, während sie an ihm vorbei hügelaufwärts rannten.

»Kochwürstchentag«, murmelte der Gode.

Sein Mund verzog sich zu einem zynischen Grinsen. Falls sie schnell waren, konnten sie ihren Kumpel ganz leicht herausziehen. Dann hatte er sich vielleicht nur die Hand verbrüht oder die Füße. Es sei denn, er strampelte zu sehr. Oder sie stellten sich so dumm an, wie sie aussahen. Dann gab es in Kürze drei Sorgen weniger. Er hatte diese Motorradstiefel immer schon albern gefunden.

Der Riese zog ein orange-blaues Stück Stoff aus der Tasche seines Gewandes und wischte sich daran die Hände ab. Jetzt musste er sich um Elin und die Pferde kümmern. Es war so weit. Heute Nacht. Seine Zeit war endlich gekommen.

10. Küsse unterm Aluhut

Ich sitze auf der Weide und höre den Pferden beim Grasen zu. Die Ruhe tut mir gut. Es ist wie eine kurze Auszeit inmitten all dieser Geschehnisse um mich herum, die ich nicht beeinflussen kann. Hier zu sein, gibt mir Kraft.

Ljóri tobt mit den jüngeren Fohlen um die Wette. Die Kleineren eifern ihm mächtig nach im Buckeln und Hakenschlagen. Sogar der kleine blonde Neuzugang von letzter Nacht bemüht sich schon eifrig, mitzumischen. Seine größte Herausforderung sind dabei allerdings weniger die rauen Spiele der Größeren, sondern seine eigenen Beine. Gar nicht so leicht, die langen Stelzen zu balancieren.

Blondis Mama bremst ihn immer wieder geschickt aus und blockt ihn mit ihrem Körper, wenn er oder seine Freunde zu übermütig werden. Und dann lockt natürlich auch immer die Milchbar. Es sieht einfach zu drollig aus, wenn er schweifwedelnd zwischen ihre Hinterbeine taucht, mit Milchschnute wieder hervorkommt und dann von jetzt auf gleich erschöpft einschläft und ein Nickerchen hält. Ich knipse ein Foto nach dem anderen, während ich darauf warte, dass Amy endlich merkt, dass ich online bin.

Ljósadís grast in unmittelbarer Nähe zu mir, und ich bilde mir zumindest ein, dass sie mich ebenso im Blick hat wie den Rest ihrer kleinen Herde. Sie ist die unangefochtene Chefin. Und wie alle in ihrer Obhut habe ich volles Vertrauen und fühle mich bei ihr geborgen und sicher. Sogar die beiden aufmerksamen Krähen – oder vielmehr Raben, wenn Freyja wirklich recht hat – machen gerade Pause. Sie sitzen auf einem kleinen Strauch, putzen sorgfältig ihr schwarzes Gefieder und halten ausnahmsweise einmal den Schnabel.

Irgendwann stehe ich auf und gehe hinüber zu meiner wunderbaren Nordlichterfee. Nach dem Feuer gestern hat Gunnar beschlossen, dass er die Mutterstuten lieber dichter am Hotel haben will. Ich glaube, Erla hat ihm die Idee eingepflanzt, wie auch immer sie das gemacht hat. Vielleicht hat sie die Tagesgäste ins Spiel gebracht, die sicher von den Fohlen und ihren Müttern entzückt sein würden.

Nun stehen die Tiere dort, wo ich im Winter meine erste Begegnung mit Ljósadís hatte. So viel ist seitdem passiert. Es scheint unglaublich lange her.

Ich stecke das nichtsnutzige Handy weg, atme tief durch und grabe seufzend meine Finger in Ljósadís' Mähne. Es tut so gut, sie zu spüren, wenn ich schon nicht zu Kári kann. Obwohl ich das keinesfalls vergleichen will.

Sie dreht ihren Kopf zu mir, spitzt die Lippen und schnuppert pustend über mein Gesicht. Ich mag ihren warmen Atem und wie ihre Barthaare mich kitzeln. Eine ganze Weile schließe ich die Augen, puste ihr in die Nüstern und atme sie ein. Ich fühle mich unendlich verbunden.

Zärtlich streichele ich über ihre Wangen und rubbele ihr über die Stirn. Meine Finger gleiten über das hellgraue Sommerfell, den Hals, die Brust, den Rücken. Ljósadís blubbert leise, dann fängt sie wieder an zu grasen.

Ich habe absolut keine Ahnung, wie das alles weitergehen wird, mit Mom und Gunnar, mit Kári und mir und diesem ganzen, riesigen Schlamassel. Vollmond ist heute Nacht. Aber wenn ich bei Ljósadís bin, habe ich volles Vertrauen, dass alles gut wird. Einfach alles.

»Wir schaffen das«, murmele ich und schmiege mich an sie. Jede rupfende Bewegung, die sie mit ihrem Kopf macht, schwingt durch mich hindurch. Es ist, als ob die Zeit stehen bleibt. »Ich passe auf dich auf und du auf mich.«

Seit sie wieder mit ihrem tot geglaubten Fohlen zusammen ist, ist Ljósadís wie ausgewechselt, nichts mehr mit Bocken, Steigen, Fliehen.

Wir hatten von Anfang an diesen besonderen Draht. Aber wer sie damals nicht selbst erlebt hat, als es ihr so schlecht ging mit ihrer Trauer und der ganzen aufgestauten Wut, würde niemals glauben, dass es sich um dasselbe Pferd handelt. Selbst Gunnar war kurz davor, sie aufzugeben, als wir uns kennenlernten. Und er kennt sich wirklich mit Pferden aus. Heute ist sie total ruhig und ausgeglichen, und das nicht nur mir gegenüber, sondern auch bei anderen Menschen.

»Ach, was soll's?«, murmele ich und vergewissere mich über die Schulter, dass keiner guckt, der sich sofort wieder Sorgen um mich und meinen Brummschädel machen würde.

Nach all der Aufregung habe ich bis zum Mittag geschlafen, traumlos und tief. Dann habe ich mich ein bisschen auf dem Hof nützlich gemacht und den Mädchen geholfen, verbrannte oder durch die Löscharbeiten unbrauchbar gewordene Strohreste wegzufegen.

Bis Mom mich erwischt hat. Heute hilft sie Gunnar im Büro dabei, einen Herbstkatalog fürs nächste Jahr zu entwerfen.

Hier draußen ist niemand. Also packe ich ein Büschel Mähnenhaare, stütze meine rechte Hand auf die Pferdekruppe und stoße mich mit Schwung vom Boden ab.

»Hmmpf.« Ich komme gerade so hoch, dass ich mir Ljósadís' Bauch in meinen ramme. Das klappte schon mal besser. »Komm mal mit, meine Süße«, locke ich sie und lotse sie zu einem kniehohen Felsbrocken hinüber. Bereitwillig folgt sie mir. Ich könnte sie knutschen, auch wenn das wahrscheinlich nur an dem zerknautschten Apfelstückchen in meiner Hand liegt, das ich noch in meiner Jackentasche gefunden habe.

Diesmal ist es ganz leicht, mich hochzuziehen und mein rechtes Bein über ihren Rücken zu schwingen. Ich bin stolz wie Oskar und will mein Smartphone herausziehen, um ein Selfie zu machen. Da brummt es von allein.

»Amy«, quietsche ich glücklich, als ich die Benachrichtigung auf dem Display sehe. Ljósadís' Ohren spielen verwundert in meine Richtung.

»Alles gut, ich freu mich nur!«, erkläre ich ihr und rufe WhatsApp auf.

amy_12: Na, was macht dein Kopf? Darfst du schon wieder reiten?
Ich: Offiziell nicht. Aber guck mal, wo ich bin! 😍

Vom Pferderücken aus schieße ich ein Foto durch Ljósadís' Ohren hindurch und sende es.

amy_12: Awwww!!! 😍
Ich: Hast du meine Nachrichten gelesen?
amy_12: Alle?
Ich: Ja?!
amy_12: Das waren 38!
Ich: Oh.
amy_12: 😃 Klar, habe ich. Das Fohlen ist soooo süß! ❤️❤️❤️

Eine Weile sehe ich nur, dass sie angeblich schreibt. Dann kommt was, wird aber gelöscht, bevor ich gucken kann, weil ich zwischendurch Ljósadís kraule, die mich von Grasbüschel zu Grasbüschel trägt. Jetzt kommt noch Ljóri angetrabt und knabbert neugierig an meiner Schuhspitze. Der Kleine ist echt Zucker. Ich mache gleich noch ein Foto und setze es in meine Story bei Instagram.

Dann ploppt eine neue Nachricht von Amy auf. Anscheinend hat sie sich inzwischen auf Stand gebracht und alles gelesen. Auch von Moms beruflichen Plänen und was das für uns bedeutet.

amy_12: Ihr kommt aber schon noch mal nach Hause, oder? 🙈
Also nach Hannover! … 😟
Ich: Klar. Sachen packen und so. 😛 Mom checkt bereits Flüge.
Und sie will unsere Wohnung untervermieten.
amy_12: Oh. 😱

Pause. Ich höre sie förmlich denken. Aber sie sagt nichts.

Amy_12: Was war das für ein Feuer? Meine Mom sagt, deine Mom sagt, Brandstiftung? Ist wirklich alles gut bei dir? Findest du das nicht unheimlich? Und hast du Kári inzwischen wiedergesehen?

Unheimlich? ... Wenn Amy wüsste, was hier in Wirklichkeit noch alles viel gruseliger ist ... Und wieso schreibt sie nicht, dass sie es blöd findet, wenn wir hierbleiben. Wird sie mich gar nicht vermissen? Müsste sie nicht versuchen, uns umzustimmen? Oder hat sie mich schon abgeschrieben?

Ich: Er ist noch mit seinen Eltern ...

Das lösche ich gleich wieder. Ich weiß ja gar nicht wirklich, wo er gerade ist und was er macht. Nur, dass der Rat heute Nacht entscheiden wird, nachdem Kári ausgesagt hat. Und so lange sollen wir uns nicht sehen, weil es zu gefährlich ist.

Ich: In der Nähe ist ein großes Volksfest. So was in der Art. Da muss er helfen. Er hat im Moment wenig Zeit. Ja, das Feuer war schlimm. Idioten. Ist aber zum Glück nichts passiert. Gunnar hat Anzeige gegen unbekannt erstattet. Die Polizei kümmert sich. Trotzdem gruselig. Ich mache mir Sorgen um die Pferde. Und um Erla.

Nachdenklich kaue ich auf meiner Unterlippe herum. Das stimmt so weit alles wirklich. Vor allem mache ich mir aber Sorgen wegen all der Dinge, die ich nicht erzählen kann. Die mich viel mehr beschäftigen als das Feuer: die Weissagung. Der Gode. Die ausstehende Entscheidung des Althing. Káris und meine Zukunft ... Es wird immer schwieriger, nicht direkt zu lügen, aber den entscheidenden Teil der Wahrheit dennoch zu verheimlichen. Vielleicht können wir besser reden, wenn Mom und ich zurück in Deutschland sind. Im direkten Gespräch. Aber vielleicht ist es dann auch total strange. Unwirklich. Was weiß ich.

Es ist wirklich seltsam. Die Sache mit Mom und Gunnar, ihre Idee, hierzubleiben, sogar Kári und ich … das allein ist schon echt ein Paket, um sich Gedanken zu machen. Und doch tritt das alles in den Hintergrund aufgrund der anderen Ereignisse, die wie eine schwarze Gewitterwolke über uns hängen. Oder wie ein Vulkan, der jederzeit ausbrechen kann. Die Hekla.

Mir geht die Frage der Ältesten durch den Kopf: Was macht ihr Menschen mit dem ganzen Aluminium? Ich habe keine Ahnung. Alufolie, Fahrräder, Zeltstangen?

Aber das lässt sich ändern. Ich schiebe mit dem Finger über das Display, um die Suchmaschine anzuwerfen, und bleibe bei Instagram kleben. Amy hat meinem Foto gerade ein Like gegeben. Sie ist also auch gleichzeitig auf mehreren Kanälen unterwegs. Hmm. Sie schreibt, und ich lasse mich ablenken.

amy_12: Wie geht's Erla denn? Was ist da genau passiert?
Ich: Weiß auch nicht. Ein Schwächeanfall. Sie behalten sie noch bis morgen früh im Krankenhaus. Nur um sicherzugehen. Sie ist schon einundachtzig. Das hätte ich nie gedacht. Du?
amy_12: Wow. 😱❤️ Wünsch ihr gute Besserung von mir!
Ich: Mach ich.
amy_12: Und was ist mit Raik? Gibt's da was Neues? Da würde ich gern mal anpacken. 😉

»Ach, hier bist du? Das hätte ich mir ja denken können.«

Ich zucke zusammen und rutsche fast vom Pferd.

»Raik! Oh. Was machst du denn hier?«

Aufs Stichwort! Unwirsch schiele ich zu den beiden Raben hinüber. Jetzt fliegen sie kreischend auf und davon. Echt tolle Wächter!

Ich habe ihn nicht kommen hören. Ich habe nicht mal gemerkt, dass ich es mir auf Ljósadís' Rücken so gemütlich gemacht habe wie früher auf meinem eigenen Pferd.

Sahara.

Für einen kurzen Moment blitzt ihr Gesicht vor meinem inneren Auge auf. Ich vermisse sie immer noch ganz schrecklich. Ljósadís versteht das. Und Sahara würde es umgekehrt auch. Man darf sich neu verlieben, wenn etwas Altes vorbei ist oder keine Zukunft hat.

Raik mustert mich, als ich mich zurechthangele und aus dem Liegen wieder aufrichte. »Habe ich dich erschreckt? Das tut mir leid.«

Er will meine Nordlichterfee am Kopf streicheln. Sie dreht sich weg, und ich runzele die Stirn. Ljósadís mag es nicht, wenn sie von Fremden dort berührt wird.

Ich hacke einen schnellen Abschiedsgruß an Amy in mein Handy und stecke es in die Hosentasche.

»Sag mal, wieso wird hier so viel Aluminium hergestellt?«, frage ich Raik, um ihn abzulenken.

»Wie kommst du denn jetzt darauf?« Er sieht mich mit großen Augen an. »Vielleicht brauchen wir besonders viele Aluhüte gegen kosmische Strahlenangriffe? Keine Ahnung!« Seine Mundwinkel zucken. Dann wird er wieder ernst. »Ich glaube, das meiste sind Firmen aus den USA, die hier produzieren, weil unser Strom so billig ist. Wir haben ja auch gar nicht die nötigen Rohstoffe dafür. Die werden hierher importiert. Das Bauxit kommt sogar aus Australien und Brasilien.« Er wirft sich in die Brust.

»Und darauf bist du stolz?«, frage ich verwundert. »Klingt nicht besonders ökologisch.«

»Nein, nicht darauf. Nur, dass ich das weiß«, gibt er zu. »Ich engagiere mich sogar ein bisschen im Umweltschutz. Vor drei Jahren habe ich mit der Sängerin Björk und dem berühmten Schriftsteller Andri Snær Magnason Unterschriften gesammelt. Für einen Nationalpark im Hochland und –«

Mein Handy brummt. »Warte mal«, bitte ich ihn und überfliege die Nachricht. »Theres ist auf dem Weg!«, rufe ich laut und strahle ihn an.

»Das wollte ich dir auch gerade ausrichten«, grinst er. »Darum bin ich eigentlich hier. Die Hochlandreiter sind zurück von der Tour.«

Gut gelaunt hebe ich mein Bein über Ljósadís' Widerrist und lasse mich in seine ausgebreiteten Arme gleiten. Er duftet nach Aftershave. Niedlich! Ob er das für mich gemacht hat?

»Das mit Björk und dem Nationalpark musst du mir genauer erzählen, okay? Umweltschutz interessiert mich sehr. Ich dachte bis vor Kurzem, hier in Island wäre alles noch heile Welt. Aber das stimmt wohl nicht.«

»Vergiss es«, erwidert er lächelnd, aber mit einer senkrechten Falte mitten auf seiner Stirn. »Hier herrscht eine regelrechte Aluminiumproduktionswut. Ökosysteme sind erst wieder ins Bewusstsein gerückt, seit so viele Touristen wegen unserer unberührten Natur kommen.«

Ich denke an Kári und die Sorgen der Huldú. Zu viele Menschen, zu viele Kraftwerke. »Na, dann sind wir ja doch zu was gut.« Während ich grinse, ertappe ich mich dabei, dass ich ihm so ein Engagement nicht zugetraut hätte. Komisch. Umso beeindruckter bin ich jetzt von meinem dauerflirtenden Beinahe-Cousin.

»Du bist ja keine Touristin. Du bist etwas Besonderes!«

Raik strahlt mich an, und mir wird ganz warm im Magen. Trotzdem streife ich seinen Arm ab, als wir nebeneinander über die Weide eilen. Mir fehlt Kári. Verstohlen berühre ich meinen Nordlichtanhänger.

»Geht schon. Ich komm' klar«, behaupte ich leichthin.

Zumindest hoffe ich das.

Theres steht mit mindestens vierzig Reitern und Pferden auf dem Abreiteplatz. Alles wuselt durcheinander. Überall stehen Sättel und Packtaschen herum. Solveig geht mit einem Begrüßungstablett Brennivín und Sekt mit O-Saft herum.

Als Theres mich sieht, lässt sie alles stehen und liegen und fliegt auf mich zu. »Mia hom da ob'n vull söltn Internet ghobt. Waas mocht'n ihr füa Soch'n?«

»Ja, langweilig war's nicht gerade«, grinse ich. »Aber ohne dich ist es trotzdem nur halb so schön hier.«

Raik räuspert sich und hält uns zwei Gläser hin.

»Koan Alkohol füa mi«, winkt sie ab.

Raik schüttelt den Kopf. »Reiner Orangensaft«, schwört er und zwinkert Theres zu.

Sie erwidert sein Lächeln und prostet ihm zu. Ich runzele schon wieder die Stirn. He! Was soll das denn jetzt? Ich denke, Raik flirtet mit mir? Oder ist er einfach nur zu allen nett?

Mein Handy brummt schon wieder. Leicht genervt ziehe ich es aus meiner Hosentasche. Diesmal ist es die Anzeige von Moms Zeitschaltsperre. Noch vierzehn Minuten heute. »Was? Wie kann das denn sein?«, rutscht es mir laut heraus.

Theres und Raik schauen mich verwundert an.

»Mobile Daten aufgebraucht«, murmele ich. »Hab vergessen, das WLAN einzuschalten.«

»Woll'ma heut am Abend bissl im Hot Pot sitz'n und quatsch'n?«, fragt Theres. »I muss morg'n scho wieda reit'n geh'n mit die nääxt'n.«

»Müssen ist gut«, grinse ich. »Ich beneide dich drum, das kannst du glauben.«

Heute Nacht wird unsere Zukunft entschieden. Vielleicht ist es nicht verkehrt, sich ein bisschen abzulenken, damit man nicht in Trübsinn verfällt.

Theres grinst breit und zeigt mit einem Kopfnicken zu Raik, der sich gerade dezent zurückziehen will. »Doa' ma eahm a mitnehma?«

Ich lege den Kopf schief und genieße seinen Blick. Er gibt wirklich sein Bestes, sich nicht anmerken zu lassen, wie gern er dabei sein würde. »Na gut, erlauben wir es ihm«, gestatte ich gnädig. »Vielleicht versorgt er uns dann ja wieder so schön mit Getränken?«

»Euer Wunsch sei mir Befehl«, erklärt Raik und verbeugt sich formvollendet. Allerdings stolpert dadurch in der nächsten Sekunde beinahe eine der Reiterinnen über ihn, die mit drei aufeinandergestapelten Sätteln vor der Brust nichts anderes sieht.

»Obacht«, kreischt Theres noch rechtzeitig und zieht Raik zur Seite. Wir müssen uns aneinander festhalten, um durch unseren Lachanfall nicht umzukippen. Himmel, hab ich das vermisst!

Wir treffen uns nach dem Abendessen zum Abhängen im Hot Tub. Mom erlaubt es widerwillig. Erstens, weil sie uns, zumindest theoretisch, von unserem Appartement aus im Blick hat. Und zweitens, weil es Theres' einziger freier Abend ist, bevor wir nächste Woche nach Deutschland fliegen.

Das ist noch etwas, das ich zu verdrängen versuche. Wenn das hier schief ausgeht, dann bin ich, wenn wir hierher zurückkehren, wirklich nur noch eine ganz gewöhnliche Touristin. Meine Hand klammert sich an den Nordlichtanhänger wie an einen Rettungsring. Ohne Kári geht gar nicht. Wir müssen einen Weg finden. Dieses nutzlose Herumsitzen und Warten macht mich kirre. Ich denke, es heißt Welten*wanderin* und nicht Welten*sitzerin?*

Raik bringt mir ein ziemlich abgegriffenes Taschenbuch mit. »Traumland. Was bleibt, wenn alles verkauft ist«, lese ich.

»Oh!«, sagt Theres. »Andri Magnason. Des is' der Kinderbuchautor, der vor a poa Johr' ois Präsident kandidiert haat.«

Raik lächelt Theres an und wedelt mit dem Traumlandbuch. »Stimmt genau. Er hat mehrere Literaturpreise bekommen, einen hierfür. Er engagiert sich sehr für Umwelt und Naturschutz.«

»Hobts ihr eh g'wusst, dass die da herob'n pro Kopf vier moi so vül Energie verbrauch'n wia mia in Österreich? Des is der höchste Konsum weltweit!«

»Echt jetzt?« Ich schlucke. »Aber ich dachte, das ist alles so umweltfreundlich hier.«

»Auf den ersten Blick, stimmt. Unser Energiebedarf lässt sich theoretisch ausschließlich mit isländischer Wasserkraft und geothermischer Energie decken«, erklärt Raik und setzt an zu einem gepfefferten Vortrag. »Mehr als siebzig Prozent fressen aber die Aluminiumhütten. Ohne die hätte das Land die Stromversorgung schon seit dreißig Jahren nicht mehr ausbauen müssen. Selbst heute würde es immer noch für alle reichen. So aber werden immer neue Stauseen und Wasserkraftwerke aus dem Boden gestampft, Gletscherflüsse und Wasserfälle dafür geopfert. ›Eine Aluminiumhütte verbraucht so viel Energie wie eine Million Menschen‹, sagt Magnason. Und die kriegen die US-Konzerne auch noch superbillig.«

Ich sehe eine ertrinkende Motte im Bottich. Raik ist schneller. Vorsichtig schöpft er sie mit der flachen Hand aus der Gefahrenzone und setzt sie am Beckenrand ab.

»Jo eh«, nickt Theres. »Trotzdem derf' ma ned vergess'n, dass es noch schlimmer war', wenn ma des ois a'no' mit Kohle oder Kernkraft produzier'n tat.«

Staunend schaue ich zwischen den beiden Nerds hin und her. Mir schwirrt der Kopf. Weil die so viel wissen und was sie alles wissen, weil das Wasser ziemlich heiß ist und mir auf den Kreislauf schlägt und weil die beiden ganz offensichtlich miteinander flirten. Offensiv, was Theres angeht.

Verdammte Axt. Bin ich eifersüchtig? Quatsch! Ich habe Kári. Und doch hallt Amys Satz in mir nach: Raik ist was Reelles. So richtig einer zum Anpacken. Und das lässt sich Theres anscheinend nicht zweimal sagen. Sie verrenkt sich derart, um an ihr Wasserglas zu kommen, dass sie mit ihrem Bikini beinahe Raiks Oberarm streift. Raik spritzt sie nass, und sie kichert.

»Hoppla«, sage ich. Beide schauen mich an. »Vielleicht sollten wir jetzt mal ganz dringend Energie sparen und an unserem Konsum schrauben.« Ich starre Theres durchdringend an. Aber die bezieht meine Aussage anscheinend nur auf Umweltsünden und nicht auf zwischenmenschliche.

»Jo, eh«, gibt sie mir recht und wackelt noch einmal auffällig mit dem Po an Raik vorbei, bevor sie sich wieder hinsetzt. »Schön woarm, oda? Des hob i sooo vermisst!«

»Hmppf«, macht Raik mit einem Seitenblick zu mir, bevor er mit hochrotem Kopf nach seinem eigenen Glas greift.

Ein Stich geht durch mein Herz. Ich vermisse Kári. Blind angele ich nach meinem Bademantel und schlüpfe aus dem Bottich. »Entschuldigt. Ich glaub', ich muss mich hinlegen. Mein Kopf«, brabbele ich entschuldigend.

»Brauchst du Hilfe? Soll ich mitkommen?« Raik sieht mich besorgt an.

Ich schüttele den Kopf, ringe mich zu einem Zwinkern durch und lasse die beiden allein. Meine Hand umklammert den sanft pulsierenden Nordlichtanhänger in meiner Manteltasche.

»Wo bist du, Kári?«, flüstere ich tonlos. »Ich brauche dich. Bitte komm zu mir! Lass mich nicht allein.« Barfuß gehe ich die wenigen Schritte hinüber in mein Zimmer. Meine nassen Füße machen ein plitschendes Geräusch auf dem kühlen Holzboden der Veranda. Der Wind malt mir Gänsehaut auf Arme und Beine, aber mein Kopf kocht.

»Elin, warte.« Raik kommt hinter mir hergelaufen. Überrascht bleibe ich stehen. »Du hast das Buch vergessen«, ruft er und wedelt damit herum.

»Oh. Ja«, sage ich und wische mir schnell eine Träne ab.

Raik zieht mich in eine windstille Ecke. Er versichert sich über die Schulter, dass Theres uns nicht sehen kann. »Hör mal. Ist alles in Ordnung zwischen uns? Ich meine ... du warst so komisch eben ... ich will nur, dass du weißt ... ich bin nicht an Theres interessiert. Ich bin ...«

Ich starre ihn verständnislos an.

Da küsst er mich. Seine Hand in meinem Rücken ist warm und stark.

»Raik! Ich ... aber ...«, stammele ich unbeholfen, als ich wieder Luft kriege.

»Entschuldige. Denk einfach drüber nach, okay?«, bittet er verlegen. Dann läuft er zurück. Und auf halber Strecke macht er einen Luftsprung. Sprachlos schaue ich ihm nach.

In der Nacht werde ich davon wach, dass jemand Steinchen an mein Fenster wirft. Ziemlich albern, weil hier alles ebenerdig ist. Raik oder Theres?, überlege ich im Halbschlaf. Ich bin immer noch aufgewühlt und durcheinander wegen des Kusses. Energisch ziehe ich den Vorhang beiseite, um nachzusehen, wer von den beiden als Erstes meinen Segen oder meinen Rat einholen oder mir sein liebeskummeriges Herz ausschütten möchte.

Aber es ist Freyja, die da im Bodennebel, doppelt fahl beleuchtet vom Schein der Mitternachtssonne und dem aufgehenden Vollmond, hinter einem Busch kauert.

Noch so eine.

»Was ist los?«, rufe ich gedämpft, um Mom nicht zu wecken, und sehe mich um. Aus dem Nebenzimmer dringt gleichmäßiges, tiefes Atmen zu mir herüber, definitiv nur von einem Menschen. Gunnar ist nicht hier. Vielleicht haben die beiden sich heute tagsüber genug gesehen?

Kári braucht dich, höre ich Freyjas Stimme in meinem Kopf widerhallen. Knapp wie immer. Ich kann ihr Gesicht nicht gut erkennen. Sie hat sich halb weggedreht und winkt mich nach draußen. In der Hand hat sie mein Halstuch. Das orange-blaue mit der Gitarre drauf.

»Ich komme«, flüstere ich aufgeregt. Mein Herz klopft mir bis zum Hals. Er hat meine Nachricht erhalten. Sie bringt mich zu ihm! Haben sie schon entschieden? Das ist bestimmt ein gutes Zeichen! Im Geist entschuldige ich mich tausendfach dafür, dass ich Freyja nicht vertraut habe. »Gib mir nur eine Minute!«

Kári saß auf einem Felsen am Wasser. Der Bach sammelte sich hier in einem natürlichen, stillen Becken. Es wurde gespeist von einem kleinen Wasserfall. Die aufgebrachten Massen beruhigten sich von ihrem Sturz, wurden weit und klar, dehnten sich aus zu diesem kleinen, flachen See. Hier sammelten sie sich, bevor sie ein Stückchen abwärts den Bauch wieder einzogen und über eine durcheinandergeworfene Felsentreppe glucksend weitersprudelten wie quasselnde Kinder auf dem Weg aus der Kirche.

Mánadís stand ein paar Meter entfernt, bis zu den Fesseln in saftigem Gras und Kräutern, rupfte genussvoll ein Maul voll nach dem anderen und zermalmte es schmatzend, argwöhnisch beäugt von ein paar Raben auf einem Strauch.

Kári ließ flache Kieselsteine über die Oberfläche schnippen, sodass sie zweimal, dreimal, manche sogar fünfmal aufditschten und weiterhüpften, bevor sie der Schwerkraft nachgaben und trudelnd versanken.

Auch er wollte sich sammeln, wie das Wasser in diesem Becken, bevor er noch einmal zurückkehrte vor den Rat. Und von dieser zweiten Aussage hing noch viel mehr ab als von seiner ersten. Es würde die letzte Anhörung sein, bevor sie sich noch einmal zurückzogen und schließlich ihre Entscheidung verkündeten. Der Vollmond ging bereits auf. Es konnte nicht mehr lange dauern.

Kári wollte berichten über den Goden. Er würde ihn des Hochverrats anklagen. Und Freyja würde seine Worte bestätigen. Sie hatte es ihm geschworen.

»Kári! Wo bist du?«

Er schrak auf, als er seinen Namen hörte. Das war eindeutig Elins Stimme. Sie hatte ihn gerufen. Seine Sehnsucht spielte ihm Streiche. Das Herz zog sich in seiner Brust zusammen und dehnte sich aus, bis es beinahe seine Rippen sprengte. Dann fing es an, einen schnelleren Rhythmus zu schlagen, getrieben, aufgeregt. Wie das Trommeln einer Pferdeherde im gestreckten Galopp. Er vermisste sie sehr, so sehr, dass es wehtat.

Elin.

Es gab so vieles, das er ihr sagen wollte, das er von ihr erfahren wollte. Aber vielleicht wollte er auch gar nicht reden. Sondern sie einfach nur halten, fühlen, ihr lupinenblaues Haar berühren, die Linien in ihrer Handfläche nachzeichnen mit seinen Fingerspitzen. Ihr samtweiches Lachen einatmen, dicht an seinem Ohr. Wie kleine Luftblasen in perlenden Wasserwirbeln.

Er hatte so große Sehnsucht nach ihr.

Manchmal überlegte Kári, ob er wechseln würde, wenn er es könnte. Bei Elin leben, in ihrer Welt.

Er spürte einen Kloß in seinem Hals. Wenn der Rat entscheiden sollte, die Grenzen zu schließen … Er würde es versuchen, wenn es nicht anders ging. Es war egal, in welcher Dimension. Er wollte nur mit ihr zusammen sein. Wollte mit ihr ans Meer reiten und in die Berge. Über endlose Wiesen preschen, langsam über Lavafelder klettern. Ihr die Blaubeerbüsche mit den süßesten Früchten zeigen, alle Kräuter, die er kannte, und die Klippen, wo man so nah an die Papageientaucher herankam, dass man den flauschigen Küken in die aufgesperrten Schnäbel sehen konnte.

Er wollte mit ihr tanzen und in die Sterne schauen, vor dem Haus seiner Eltern. Auf der kleinen Holzbank, auf der er für sie das Fohlen geschnitzt hatte. Seinen Arm um sie legen und sie wärmen, wenn der kühle Wind von Norden Regen vor sich hertrieb. Dann erst, wenn die ersten Tropfen auf ihrem Gesicht glitzerten und er sich in ihren bunten Haaren spiegelte, wollte er mit ihr hineingehen, ins Haus, und mit ihr vor der Feuerstelle in der Küche sitzen.

Er stellte sich vor, wie die einäugige Katze sich auf ihrem Schoß zusammenrollte, während sie sich Geschichten erzählten, wenn das alles vorbei war. Wie seine Mutter Steinúnn ihnen Käse und Honig brachte, frisch gebackene Roggenküchlein und Skyr, und wie sie dampfenden Tee dazu tranken. Und dann wollte er sie küssen. Oder schon lange vorher. Lieber schon weit vorher. Aber hier dann auch. Lange.

Einarr käme aus der Werkstatt herüber und würde lächeln, und in diesem Lächeln läge großer Stolz auf seinen Sohn. Nach dem Althing würde er ein großes Fest ausrichten anlässlich des neu besiegelten Friedens. Alle würden kommen von weit her. Jorúnn wäre dabei und sogar Elins Mutter und ein paar andere, die Elin wichtig waren aus ihrem Land. Das würden sie schon schaffen, wenn Freyja ihnen half.

Das malte Kári sich in allen Farben aus: von den bunten Blumen auf dem Büfett über die leuchtenden Kerzen hin zu den Düften der Küche. Kamille, Majoran und Senf roch er und dazu geräucherten Fisch und würzigen Eintopf. Musik war da. Im Hintergrund des prasselnden Feuers erklang Freyjas leises Flötenspiel als Kopfnote über der knorrigen Bratsche vom alten Sigurd, dem Nachbarn. Bis ins kleinste Detail sah, hörte, roch und fühlte Kári das üppige Fest, bis hin zu den Brotkrumen auf dem bestickten Leinentischtuch mit den Initialen seiner Großmutter.

Es wärmte seinen Magen und seine Seele, während er darauf wartete, dass ihn der Rat endlich vortreten ließ. Er sah hinüber zum Vollmond, der langsam über den Horizont kroch. Es musste einfach wahr werden.

»Kári! Ich brauche dich. Bitte komm zu mir. Lass mich nicht allein.«

Da war sie wieder, Elins Stimme. Warm und lockend. Und voller Angst. Hatte er sich das doch nicht eingebildet?

Trugbilder erschienen vor seinem inneren Auge. Er sah sie in Treibsand versinken, von Ljósadís' Rücken kletternd, verzweifelt an ihren Zügeln zerrend. Unten im Süden, bei Vík. Er erkannte die Felsen wieder, die wie versteinerte Trolle aus dem Meer ragten.

Ein zweites Bild erschien. Er sah sie in einer Höhle kauern, im Dunkeln. Die Arme um die angezogenen Knie geschlagen, bibbernd vor Kälte und Furcht. Ihre Augen weit aufgerissen, gespenstisch erleuchtet durch ein einzelnes, flackerndes Streichholz.

Der Boden bewegte sich unter seinen Füßen, und das Wasser in dem Becken kräuselte sich und vibrierte. Ein paar kleinere Steine kullerten über den Rand der Felsvorsprünge und platschten in den See. Mánadís schnaubte. Dann beruhigte sich die Erde wieder, so plötzlich, wie sie zu beben begonnen hatte. Zwei Raben flogen kreischend von einem Busch auf und erhoben sich in den dämmerigen Himmel.

Die Hekla schlief unruhig.

Káris Herz klopfte gegen seine Kehle.

»Es hat angefangen. Sei wachsam.« Dies war jetzt die Stimme von Jorúnn.

Jorúnn. Die wie eine Großmutter für ihn war. Wohin war sie gegangen? Ohne ein Wort? Warum?

Freyjas Züge blitzten vor ihm auf. Wie ein Schemen, ein Schatten ihrer selbst. Das Gesicht in blankem Entsetzen verzerrt. Sie schrie. Aber er verstand nicht, was sie ihm zurief.

Kári wischte sich über die Augen und das Gesicht. Er stöhnte auf, und das Geräusch seines eigenen keuchenden Atems katapultierte ihn in die Wirklichkeit zurück. Er sog kühle Abendluft durch seine Nasenlöcher ein und zog die Wolljacke enger um sich. Es war kühl geworden. Klamm. Er fror von innen heraus. Seine Zähne klapperten.

Was sollten ihm diese schrecklichen Traumbilder sagen? Wovor warnten sie ihn? Waren es Vorahnungen? Oder spiegelten sie nur seine eigene Unruhe? Vermutlich gingen einfach nur seine Nerven mit ihm durch, weil die Entscheidung des Rates so kurz bevorstand und er noch immer nichts von Freyja gehört hatte.

Im nächsten Moment fiel ein mächtiger Schatten auf ihn. Kári sprang auf. Unwillkürlich fuhr seine Hand zur Messerscheide an seinem Gürtel. Sie war leer. Natürlich. Auf dem Althing und dem gesamten Gebiet des Thingvellir waren keine Waffen erlaubt. Darum hatte er auch nicht schnitzen können, um sich die Zeit zu vertreiben, sondern war hier hinaufgekommen. Kári entspannte sich und straffte die Schultern. Das war nur der Wächter, der ihn holen sollte. Also war es so weit. Endlich. Er war bereit.

11. Ohne Netz und doppelten Boden

So leise es geht, drücke ich im Dämmerlicht die Spülung und drehe den Wasserhahn auf. Nach dem Händewaschen ziehe ich rasch den Deoroller unter meinen Achseln durch. Habe ich noch Zeit für Zahnpasta? Ich zögere. Aber ich mag Kári nicht mit ungeputzten Zähnen küssen. Und ich will ihn küssen! Definitiv! Ich entscheide mich für einen ordentlichen Schluck Mundspülung. Dauert nicht so lang.

Freyja wartet.

Kári wartet! Endlich kann ich etwas tun!

Noch während ich gurgele, schaufele ich mir zum Wachwerden kaltes Wasser ins Gesicht. Besser. Schnell jetzt!

Im Hinauslaufen bleibe ich mit dem Fuß an dem kleinen Tischchen im Wohnzimmer hängen. Aua.

Es rumpelt und klirrt. Die Packung Streichhölzer fällt hinunter. Ohne groß darüber nachzudenken, stecke ich sie ein und humpele weiter. Brauche ich sonst noch was? Handy, Taschentücher, Erlas Bonbons und Tigerbalm gegen Kopfweh. Habe ich alles in den Taschen meiner Multifunktionsjacke verstaut. Ich reibe mir über die pochende Fußspitze. Mann, das zwiebelt ganz schön.

»Elin?« Moms Stimme ist ein verschlafenes Murmeln aus dem Schlafzimmer. »Was ist denn das für ein Lärm?«

»Alles gut, ich war nur auf dem Klo und hab mir die Zehe angestoßen«, rufe ich durch die angelehnte Tür.

»Nein. Die Vögel da draußen. Das Gekreische ist ja unerträglich! Schließ bitte das Fenster.«

»Mach ich!« Unschlüssig kaue ich auf meiner Unterlippe herum. Es gefällt mir nicht, meine Mutter anzuschwindeln. Ich reiße eine Seite aus ihrem Notizbuch und kritzele eine kurze Nachricht. Sollte ich vor dem Frühstück zurück sein, kann ich das Blatt immer noch zerknüllen und entsorgen.

Bin mit Freyja Kári besuchen. Mach dir keine Sorgen!
Küsschen, E.

Dann schleiche ich mich hinaus. Draußen ist alles still. Ich höre keinen einzigen Vogel. Keine Ahnung, was Mom eben hatte. Nicht mal die ewigen Elstern und Krähen oder Raben sind da. Als ob alles den Atem anhält, bevor dieser Morgen anbricht. Na ja. Hell ist es immer. Trotzdem.

Ich suche Freyja. Sie scheint wie vom Erdboden verschluckt. Oder habe ich ihren Besuch nur geträumt? Hat mir meine Sehnsucht nach Kári einen Streich gespielt? Enttäuscht bleibe ich stehen. Manchmal habe ich das Gefühl, die Grenzen zwischen Traum und Wirklichkeit verweben sich immer mehr in diesem Land.

Bodennebel und feuchter Dunst schweben über den Blumenbeeten und den geschotterten Wegen. An der Ecke der Reithalle bewegt sich was. Da ist eine Gestalt. Sie winkt mir zu. Meine Güte, Freyja macht's aber auch spannend! Leicht genervt trabe ich hinüber. Immerhin habe ich kaum noch Kopfweh. Das freut mich, besonders weil die Schmerzen gerade bei den Begegnungen mit ihr immer extrem heftig und lästig waren. Erst recht durch die Gehirnerschütterung. Aber die behindert mich von Tag zu Tag weniger, oder ich gewöhne mich zunehmend an die Schwingung der Unsichtbaren oder beides.

Ich grinse in mich hinein. Weltenwanderin. Als ob. Aber es klingt schon irgendwie cool.

Ich biege um die Ecke und bleibe noch mal stehen. Wo ist sie denn jetzt schon wieder hin?

Elin, bitte. Mach einfach mit, ja? Es wird alles gut.

»Was –?« Aus dem Nichts zieht mir jemand von hinten einen Sack über den Kopf. Er stinkt nach ranzigen Haferflocken. Alles wird dunkel. Dann atme ich stechenden Alkoholgeruch ein. Es zieht mir den Boden unter den Füßen weg, aber bevor ich stürze, werde ich unsanft gepackt und von jemand Großem geschultert. Das ist nicht Kári, ist das Letzte, was ich denke.

Als ich zwischendurch wach werde, ist alles schwarz um mich. Unter mir spüre ich ein stetiges Dröhnen und Vibrieren. Ich liege in einem Auto, schlussfolgert mein messerscharfer Verstand. Mir ist übel. Das wird es immer, wenn ich hinten sitze. Außerdem bekomme ich schlecht Luft, und die stinkt nach Diesel.

Ich dämmere wieder weg.

Als ich das nächste Mal wach werde, bekomme ich beinahe einen hysterischen Lachkrampf. Da ist das vertraute leise Plitschen eines Tropfens, der sich in einer Pfütze auflöst. Drei Sekunden später wieder einer. Und der nächste. In langsamem Rhythmus sammelt sich Wasser und plitscht stetig vor sich hin.

Ich ahne, wo ich mich befinde. Es ist zwar dunkel, aber das war es immer. Ich erkenne alles wieder! Ich bin in der Höhle aus meinen Träumen. Was ist das nur für eine irrwitzige Endlosschleife? Kann das bitte endlich mal aufhören?

Der einzige Unterschied diesmal ist, dass mir alles wehtut und mir immer noch leicht übel ist. Außerdem hängt ein säuerlicher, unangenehmer Geruch über dem Moder. Dadurch fühlt es sich noch realer an, hier zu sein. Mein linkes Bein ist eingeschlafen, mein linker Zeigefinger prickelt unangenehm, und meine Hände sind gefesselt. Das ist allerdings auch neu. Angst stellt mir die Härchen im Nacken auf und schnürt mir gleich darauf die Kehle zu. »Ist hier jemand? … Hallo?«

Keine Antwort. Nur meine eigene, heisere Stimme hallt ein bisschen von den Wänden zurück. Ich brauche einige ungelenke Versuche, um mich hochzurappeln, und versuche als Nächstes, die Beine auszustrecken.

Mein Fuß tritt gegen etwas Weiches. Igitt. Was ist das?

»Hallo?«, wispere ich ein zweites Mal.

Die Antwort ist ein unterdrücktes Stöhnen.

»Wer ist da?«, versuche ich es erneut.

Ich.

Heiliges Kanonenrohr! »Du? Ausgerechnet du?«, brülle ich los. Meine Furcht ist wie weggeblasen. Ich empfinde ohnmächtige Wut.

Elin, hör bitte zu. Alles wird gut. Dreh jetzt nicht durch. Was immer er fordert, mach einfach mit. Es wird dir nichts geschehen. Du stehst unter einem Schutz, der mächtiger ist als er. Vertrau mir! Es kann immer noch alles gut werden. Und er kann unsere Gedanken nicht hören.

»Vertrauen? Dir? Und wer ist er?« Ich schreie immer noch. Ich will weg von ihr. Rutsche auf meinem Hosenboden rückwärts, bis ich die kühle Höhlenwand hinter mir spüre. Dann fange ich an, meine Fesseln mit dem Mund zu ertasten. Kein Seil. Kein Draht. Keine Kabelbinder. Fühlt sich an wie Klebeband. Ich könnte schon wieder hysterisch loslachen. »Seit wann haben Elfen Panzerband?«, platze ich heraus.

Mir gehen tausend Sachen durch den Kopf. Aber ich will sie nicht zu Ende denken. Das Biest liest bestimmt wieder meine Gedanken ... Sie kann das nicht allein getan haben ... Ich glaube nicht, dass sie einen Führerschein hat ... Er ... Wer soll das sein? Was soll das alles überhaupt? Warum hat sie mich entführt? Was ist mit Kári? ... Mein Magen knurrt ... verdammt. Wie kann ich jetzt an Essen denken? Der Müsliriegel ... Ich hätte den Müsliriegel einstecken sollen.

Wovon sprichst du?

»Halt die Klappe«, fauche ich in die Richtung, in der ich Freyja vermute. Was macht sie überhaupt hier?

Mein Kopf schmerzt. Natürlich tut er das. Was auch sonst. Mein Zeigefinger pocht und tut auch weh. Ich komme nicht weiter, weil meine Hände total zugekleistert sind.

Mit der Zunge gleite ich suchend über das Päckchen, das meine Handgelenke darstellt. Da muss irgendwo der Anfang sein. Himmel, schmeckt das Zeug eklig. Dann finde ich eine winzige Erhöhung und fange an, daran herumzunagen. Es gelingt mir tatsächlich, mit den Zähnen den ersten Streifen des hartnäckigen Klebebandes abzulösen. Stück für Stück, Runde um Runde ziehe ich das breite Plastikzeug ab. Dann sind meine Hände frei.

Stümperhafter Anfängerfehler. Wenn man verhindern will, dass jemand sich die Fesseln abmacht, muss man sie ihm auf den Rücken binden. Oder ihn knebeln. Das lernt man in jedem billigen Krimi.

Und jetzt? Und seit wann habe ich ein Pflaster am linken Zeigefinger? Au! Meine Fingerkuppe brennt.

Ich taste etwas vorsichtiger in meinen Taschen herum und fingere das Päckchen mit den Streichhölzern heraus. Wie viele sind da noch drin? Egal. Ich will ihr in die Augen sehen.

Moment mal. Mein Handy. Ich könnte auch die Taschenlampen-App nehmen. Aber vielleicht ist es klüger, wenn meine Entführer nicht wissen, dass ich es dabeihabe ... Freyja war das nicht allein. Den Sack hat mir jemand anders über den Kopf gezogen. Mist. Hat sie mich denken hören?

Ich ratsche das kleine Hölzchen an der Zündfläche entlang. Zischend bringt eine kleine Flamme das Licht zurück. Im ersten Moment bin ich erstaunt über das, was ich sehe.

Wieso genießt Freyja ihren Triumph nicht? Stattdessen kauert sie gekrümmt auf dem Boden. Ich war das nicht! So fest habe ich bestimmt nicht zugetreten! Aber falls doch, dann würde es ihr recht geschehen!

Neben Freyjas Gesicht glitzert eine Pfütze mit kleinen Klümpchen. Von dort kommt das Plitschen nicht her. Aber der saure Geruch. Jetzt weiß ich, warum ich das so eklig fand. Das ist Erbrochenes. Angewidert verziehe ich das Gesicht. Ich bin beinahe versucht, sie zu fragen, wie es ihr geht und ob sie ein Taschentuch möchte. Aber das verwerfe ich gleich wieder. Immerhin ist sie dafür verantwortlich, dass ich jetzt hier sitze! Ist sie doch, oder? Ich wische den leisen Zweifel beiseite und belle wieder los.

»Sag mal, spinnst du? Was soll, das, Freyja? Was willst du von mir? Was habe ich dir getan? Bist du total durchgeknallt?«, herrsche ich sie an, bevor mein Streichholz mir die Finger verbrennt und ich es reflexartig wegschnippe. Es erlischt. Wir sitzen wieder im Dunkeln.

Da fällt mir das Allerwichtigste ein. »Woher hattest du meinen Schal? Wo ist Kári? … Und was machst du überhaupt hier? Seit wann hocken Entführer mit ihren Opfern zusammen in … in so 'ner beschissenen Höhle rum? Verdammt! Rede mit mir! Was ist mit dir? Ich will wenigstens verstehen, was hier abgeht!« Diesmal trete ich mit voller Absicht in ihre Richtung. Aber sie liegt viel zu weit weg und kann meine wütende Attacke in der vollkommenen Schwärze nicht sehen.

Freyja schweigt.

Es sei denn, man würde ihr leises Stöhnen als Reaktion zählen. Aber das tue ich nicht.

Ich war noch nie so zornig in meinem Leben. »Wo sind wir hier?«, tobe ich und schnappe nach Luft. Dann brülle ich aus Leibeskräften. »Kann mich irgendjemand hören?«

»Dein Schreien wird dir nichts nützen.«

Oh. Instinktiv ziehe ich den Kopf ein. Die Männerstimme ist mir unbekannt. Keine Ahnung, woher sie so plötzlich kommt. Der Unbekannte spricht Deutsch mit einem ziemlich krassen, nordisch klingenden Akzent.

Amy und ich haben früher immer Stimmenraten gespielt. Gewonnen hatte, wer am dichtesten drankam mit seiner Schätzung, wie jemand aussah: Körpergröße, Gewicht, Haarfarbe. Ich habe dabei meist kläglich versagt. Diesem bassigen Dröhnen nach, ist der dazugehörige Typ riesig. Also ist er in Wirklichkeit wahrscheinlich klein und fett.

Es zischt. Der Fremde entzündet eine Fackel und steckt sie in eine Wandhalterung. In ihrem flackernden Schein glaube ich für einen Moment, ein Bär stünde vor mir. Ein großer. Grizzly oder so. Aber Bären tragen keine Motorradstiefel mit Aluschnallen und Umhängen wie Darth Vader. Ich muss blinzeln. Der Kerl ist noch riesenhafter, als ich gedacht habe. Ach du Scheiße, das muss dieser –

Er ist es.

Halt die Schnauze, Freyja, denke ich. Mein Herz klopft so laut, dass ich beinahe seine nächsten Worte nicht verstehe.

»Wir sind unter der Erde, wo uns Odins Raben nicht finden können.«

Dazu fällt mir jetzt erst mal nichts ein. Irre soll man ja auch nicht durch unbedachte Äußerungen reizen. »Was wollen Sie von mir?«, frage ich heiser.

Ich weiß nicht, ob es an der düsteren Beleuchtung liegt. Aber das Funkeln in den Augen dieses Irren ist ziemlich diabolisch, und sein zufriedenes Grinsen verstärkt meinen Eindruck noch.

Er tippt sich auf den Zeigefinger, und mir läuft der nächste eiskalte Schauer über den Rücken. »Oh, von dir habe ich schon alles, was ich brauche, meine Kleine, der lieben Freyja sei Dank.«

Haben die mir in den Zeigefinger geschnitten? Soll ich jetzt froh sein, dass der noch dran ist? Verständnislos glotze ich zwischen Freyja und dem rotbärtigen Riesen hin und her.

»Sie hat ein bisschen Bauchschmerzen, aber das wird bald vergehen.« Sein Blick huscht über die am Boden liegende Gestalt. »Jetzt warten wir nur noch auf euren kleinen Freund. Und ich bin sicher, er wird mir sofort geben, worum ich ihn bitte – im Austausch für euch beide. Dann muss ich ihm auch nicht wehtun. Abgesehen von einer klitzekleinen Blutspende natürlich. Ihr sollt alle mit dabei sein, wenn die Hekla aufwacht. Und dann … BUMM!«

Mir kriecht Gänsehaut vom Steiß bis in die Haarspitzen. »Ich bin … das ist eine Falle für Kári?« … Mein Blick fliegt zu dem Bündel Elend vor mir. »Du hast deinen Freund verraten? Deinen besten Freund aus Kindertagen? Der wie ein Bruder für dich ist?« Meine Stimme überschlägt sich. »Aber wozu …?« Ich breche ab. Der Fluch. Dieser Verrückte scheint diese Prophezeiung zu kennen und daran zu glauben. Das kann doch nicht sein!

Das ist ein Mensch. Wie ich. Er ist Auto gefahren. Er hat Motorradstiefel. Und pendelt anscheinend zwischen den Dimensionen hin und her, als wären es einfach nur zwei verschiedene Straßenseiten.

Auf einmal dämmert mir, um was es hier noch geht: Natürlich! Káris entscheidende Aussage vor dem Althing.

Keine Ahnung, was dieser Mann davon hat. Außer dass es allein schon ziemlich ungemütlich für ihn werden dürfte, wenn rauskommt, was seine Jungs schon alles angestellt haben. Aber die Folgen sind noch viel weitreichender. Wenn Kári nicht vor der Ratsversammlung erscheint, wird das die Weichen stellen. Wenn jemand dann auch noch behauptet, dass er was Besseres vorhatte, dass er bei mir ist … wenn dazu auch noch die Hekla aufwacht – und das ist eine beschönigende Umschreibung für

»Bumm«! –; das alles wird die Huldú dazu bewegen, sich zurückzuziehen. Uns aufzugeben.

Der Riese lacht so laut, dass es mir Tränen in die Augen treibt. »Du begreifst schnell, kleine Touristin. Verabschiedet euch in Ruhe voneinander. Wenn das hier vorbei ist, werdet ihr euch nie wiedersehen. So oder so. Dann ist es vorbei mit dem Weltenwandern. Keine Flugzeuge, keine Touristen. Ende im Gelände.« Er wendet sich ab.

Eine innere Stimme sagt mir, dass ich Zeit schinden muss. Ich schnappe nach Luft. »Ach, darum geht's hier?« Ich erinnere mich an den Vulkanausbruch des Eyjafjallajökull, als ich klein war. Na ja. Nicht wirklich direkt. Aber Mom hat erzählt, dass damals tagelang kein Flugzeug starten konnte wegen der riesigen Aschewolke über Europa.

»Sie haben in Schiffe investiert?«, frage ich ins Blaue hinein. »Das ist alles? Dafür wollen Sie mal eben eine ganze Nation stilllegen und unzählige Menschenleben riskieren? Und die gesamte Natur dieser Insel zerstören? Hat Ihnen schon mal jemand gesagt, dass Sie ein Riesenarschloch sind?«

Goliath hebt überrascht die Augenbrauen. Dann lacht er schallend. »Du bist wirklich mutig, Kleine. Wie wär's«, er beugt sich vor und zwinkert mir ironisch zu, »ich bin zwar nicht dein Vater, aber: Möchtest du überlaufen auf die dunkle Seite der Macht?« Ein Star-Wars-Fan. Echt jetzt?

Freyja hebt mühsam ihren Kopf und schüttelt ihn in Zeitlupe. Ich möchte ihr immer noch ins Gesicht spucken. Aber das bisschen, was ich in meinem trockenen Mund zusammensammeln kann, reicht leider nicht mal bis halb zu ihr hin. Ich will zu ihr hinüber und … und … und … Keine Ahnung, was ich dann tun würde.

Dieser größenwahnsinnige Rotbart steht mir im Weg. Also bleibe ich hier erst mal sitzen mit meinen geballten Fäusten und der geifernden Wut in meinem Bauch.

»Nein, danke«, presse ich zwischen meinen Kiefern heraus.

Er scheint sich darüber prächtig zu amüsieren. »Das hätte ich auch nicht anders erwartet. Viel Vergnügen, ihr Hübschen. Ich sehe schon, ihr werdet keine Langeweile haben, solange ihr hier auf den Weltuntergang wartet.« Er hebt die Hände und wackelt damit in einer albern schaurigen Geste herum. »Huh! Ragnarök! Götterdämmerung! Ein neuer Urknall! Damit besiegeln wir das Ende und den Anfang. Dieser Tag wird die Geschichte Islands neu schreiben ... was sage ich: der ganzen Welt!«

Er lässt die Arme sinken und sieht mich großkotzig an. »Übrigens, Elin. Nicht nur in Schiffe. Auch in Aluminiumhütten. Und bevor du mich fragst, ob ich nicht weiß, dass die dann auch zerstört werden könnten. Macht nichts. Ich bin gut versichert. Ach, und noch was: Versuch nicht zu fliehen. Es würde mir sehr leidtun, wenn du dich in diesem Höhlenlabyrinth verirrst oder in eine Felsspalte stürzt, bevor ich das große Abschlussfeuerwerk gezündet habe.«

Sprachlos starre ich ihm nach, bis er und seine Fackel um eine Ecke verschwinden und wir wieder von der Dunkelheit verschluckt werden. Das Geräusch seiner Stiefel verhallt. Wir sind allein. »Der ist nicht ganz richtig im Kopf. Der Typ hat einen totalen Hau! Er ist wahnsinnig. Er muss es sein! Und jetzt?«

Freyja stöhnt wieder. Das ist keine große Hilfe. Ich fingere hektisch nach meinem Handy. Was für ein Stümper. Erst die lausigen Fesseln, und durchsucht hat er mich auch nicht. Ich brauche nur mein GPS anzuschalten. Dann weiß ich, wo wir sind. Ich rufe Mom an und Gunnar, die holen mich hier raus, bringen die Polizei mit, und der Typ kommt ins Gefängnis. Oder ins Irrenhaus. Noch besser. Aber vor allen Dingen müssen wir Kári warnen. Er darf nicht hierherkommen, auf keinen Fall. Er muss aussagen! Und ich kümmere mich um den Rest. Wir können das nur gemeinsam schaffen, hieß es. Das hatte ich mir irgendwie anders vorgestellt!

Elin, mach jetzt keinen Fehler!

»Was?« Mein Kopf fährt herum. Im fahlen Schein meines Displays sehe ich, dass Freyja sich aufgerichtet hat. Sie sieht schrecklich aus. Jetzt tut sie mir doch leid.

Elin, begreifst du nicht, dass er dir eine Falle stellen will? Vertrau mir. Es ist alles unter Kontrolle.

»Unter Kontrolle? Hast du mal in den Spiegel geschaut? Dir vertrauen? Und wovon träumst du nachts?«

Ich weiß nicht, was meine Träume damit zu tun haben. Das ist Káris Gabe, nicht die meine. Ich musste das tun, Elin. Als du dich gefragt hast, ob du das Feuer gelegt hast. Deine Zweifel … Er hat mich gezwungen, dich ins Freie zu locken. Aber ich konnte die Zeit beugen und Erla warnen. Sie hat dich beschützt. Du bist immer geschützt. Allein schon durch das Nordlicht um deinen Hals. Wir haben beide das gleiche Ziel. Hör mich an.

Sie hustet wieder. Wie schwer ist sie eigentlich verletzt? Und warum hat er sie bei mir gelassen? Ist das noch eine Falle? Dass ich ihr vertrauen soll? Na klar, sie soll mich ausspionieren, deswegen wird er sie hiergelassen haben. Schlau. Aber ich bin schlauer! Am besten, ich ignoriere sie einfach. Ich halte mein Handy in die Höhe und schwenke es in verschiedene Richtungen.

Kein Empfang. Scheiße. Und wegen Moms blöder Sperre habe ich nur noch sechsundzwanzig Minuten Handyzeit. Ich muss es von woanders versuchen.

Elin, bitte. Es ist wichtig, dass du mir vertraust.

Jetzt reicht's mir aber. »Du bist echt das Allerletzte, Freyja. Versuchst du immer noch, deine Haut zu retten?«

Sie schüttelt kraftlos den Kopf. »*Er hat erkannt, was ich vorhatte, und gedroht, Blika zu töten und –*«

»Die Pferde!« Entsetzt starre ich sie an. »Die Weissagung! Ich muss Ljósadís und Ljóri schützen! Die müssen weg von dort!«

Nein, Elin. Lass. Sie sind sicher, wo sie sind. Bitte. Das will er doch nur.

Ich höre nicht zu. »Das hat dieser Spinner gemeint! Er will an die Pferde ran! Darum ist er fort! Und jetzt, wo ich nicht mehr da bin …«

Nein, es ist umgekehrt. Es ist wie mit der Eishöhle. Der Schutz bricht zusammen, wenn ihr alle vier am selben Ort seid.

»Aber wieso? Das ergibt doch keinen Sinn?!« Ich denke laut, obwohl Freyja mich ja sowieso liest wie ein aufgeschlagenes Buch.

Wie wollt ihr denn etwas bewegen, wenn um euch herum ein undurchdringlicher Schutzschild ist? Wo nichts hineinkann, geht auch nichts heraus.

Ich runzele die Stirn. In den Star-Wars-Filmen ist das aber anders.

Freyja gibt einen ungehaltenen Wikingerlaut von sich. Dann übergibt sie sich wieder.

Ich halte dezent die Taschenlampe in die andere Richtung. »So schlimm?«, frage ich.

Keine Antwort.

Als ich sie anleuchte, liegt sie zusammengesunken auf der Seite. Sie hat das Bewusstsein verloren, und ihre Stirn glänzt vor Schweiß. Verrat hin oder her. Jetzt mache ich mir wirklich Sorgen. Ich krabbele zu ihr hinüber und schiebe sie in die stabile Seitenlage. Sie atmet gleichmäßig, und ihr Puls scheint mir stark. Heiß ist sie. Aber das ist bestimmt besser als kalt. Trotzdem zittert sie.

Als Amy mich kurz vor unserem Abflug zu dem Erste-Hilfe-Kurs überredet hat, weil sie nicht allein hingehen wollte, hätte ich bestimmt nicht gedacht, unter welch verrückten Umständen ich ihr dafür dankbar sein würde. Ich ziehe meine Jacke aus und decke Freyja zu. Frieren ist Scheiße. Und sie braucht einen Arzt. Verdammt. Ich kann sie doch nicht allein hier liegen lassen? Aber tragen kann ich sie auch nicht. Und hierbleiben ist auch keine Option. Verdammt, verdammt, verdammt! Und nur noch zwanzig Minuten Handyzeit… Ich kaue auf meiner Unterlippe herum. »Halte durch!«, murmele ich. Dann füge ich mich in mein Schicksal und gehe die Welt retten. Schritt eins: Ich brauche Netz.

Kári hatte allein sein wollen. Unten in der Ebene waren zu viele Neugierige und Argwöhnische, Schwätzer, Freunde, Nörgler, Mutmacher, Weise und Unwissende … Sie alle hatten ein Recht, dort zu sein und den Worten der Weisen zu lauschen, beizutragen, ihre Meinung kundzutun, genau wie er. Aber sie musterten ihn und löcherten und bohrten auf eine Art – sogar ohne dass sie ihn ansprachen. Es war zu eng. Er war immer schon anders gewesen, hatte sich wie ein Sonderling gefühlt mit seinen ungewöhnlichen Gaben, aber hier und heute war es besonders schlimm. Er ertrug den Druck kaum, der auf ihm lastete. Darum war er geflüchtet, als der Rat pausierte und sich zu einer kurzen Stärkung zurückzog.

Seinem Vater war es nicht recht, Kári gehen zu lassen. Einarr begleitete ihn bis ganz hinauf. Widerstrebend ließ er einen seiner Männer zu Káris Schutz am Eingang der kleinen Schlucht Wache halten. Er musste zurück. Die Ältesten hatten alle Goden zusammengerufen, um ihre Meinung zu hören. Einen Zwischenstand der hochkochenden Emotionen. Der Gode hatte eine starke Saat des Zweifels gesät, doch noch war nichts entschieden. Es gab viele, die die Hoffnung in die Menschen nicht aufgeben wollten.

Kári musste versprechen, nicht fortzugehen, bis seine Zeit gekommen war und sie ihn ein weiteres Mal anhörten. Die Ratsmitglieder hatten es ihm zugesagt. Nur vor den Ältesten wollte er sprechen, ohne Publikum, und das Wichtige sagen, das er nur vor dem kleinstmöglichen Kreis offenbaren konnte, bis sie den letzten Beweis hatten. Was er gesehen und gehört hatte. Was noch folgen würde.

Es war riskant.

Kári verstand nicht, wo Freyja blieb. Sie war Teil des Ganzen. Sie musste sein Wort unterstreichen. Es stand zu viel auf dem Spiel. Kári war zutiefst beunruhigt.

Er hob den Blick und erschrak. Das war nicht der Mann seines Vaters.

Der Fremde war riesig. Er trug einen hellroten Bart und ebensolches Haar. Sein reich verzierter Umhang wurde mit einer goldenen Fibel zusammengehalten, die seinen Rang unter den Godenfürsten offenbarte. Nun, er konnte nicht alle Thingvertreter kennen. Es waren zu viele hier. Niemand hatte die Einladung zum Althing ausgeschlagen. Aber auch wenn er ihn noch nie aus der Nähe gesehen hatte: Er wusste, wer vor ihm stand, noch bevor sein Blick auf die eigentümlichen schwarzen Lederstiefel mit den Metallschnallen und den klobigen Absätzen fiel, die so gar nicht zu der traditionellen Huldúrobe passten. Er hatte ihn sich anders vorgestellt. Dunkler. Aber das spielte keine Rolle.

Nun saß er in der Falle. Denn der unheilvolle Besucher versperrte mit seinem massigen Leib den einzigen Ausgang.

Kári fragte sich, was mit dem Wächter am Eingang geschehen war. Mit einem Seitenblick schätzte er die Entfernung zu seiner Schimmelstute ab. Zu weit. Dann sah er zu dem Goden auf.

»Es war vereinbart, dass mein Vater mich holt, wenn es an der Zeit ist, heimzukehren«, schwindelte er, um Raum zu gewinnen.

»Die Zeiten haben sich geändert. Ich bin hier. Das genügt.«

Der Riese holte etwas unter seinem Umhang hervor. Kári bemühte sich, seine Überraschung zu verbergen. Es war sein Schal. Elins Halstuch, das er verloren geglaubt hatte!

»Eine junge Dame hat mich gebeten, dir dies zu bringen. Ich soll dich zu ihr führen, noch vor deinem Ruf. Es eilt.« Er streckte ihm das zerknüllte Tuch hin, und Kári griff hastig zu.

»Woher habt Ihr das?«, fragte er alarmiert.

Mánadís trippelte unruhig auf der Stelle herum. Einer der Raben war fort. Der andere war auf einen höher gelegenen Felsen geflattert und schimpfte aufgebracht zu ihnen hinunter.

»Nimm dein Pferd und komm«, befahl der Riese unbeeindruckt. »Wir haben keine Zeit zu verlieren.« Er schien es nicht gewohnt zu sein, dass man ihm Fragen stellte. Oder infrage stellte, was er anordnete.

Kári steckte das Tuch in seine Jacke. Seine Finger wühlten sich in den weichen Stoff und stockten. Da war eine verhärtete Stelle. Kári zog an dem Schal, öffnete den Faltenwurf und strich vorsichtig über einen verkrusteten braunen Fleck. Der Anblick schnürte ihm die Kehle zu. Er wusste, wie getrocknetes Blut aussah.

»Was ist passiert?«, krächzte er. »Ich gehe nirgendwohin, bevor ich nicht weiß …« Die Erkenntnis traf ihn mit voller Wucht. Dieser Mann war Freyjas Lehrherr! Und wenn sie nicht hier war und stattdessen er, dann gab es dafür nur einen Grund. Wie hatte er so blind sein können? Freyja würde ihn niemals im Stich lassen.

Er pfiff nach Mánadís. Da blitzte etwas Funkelndes unter dem Umhang des Goden hervor. Káris letzter Gedanke war, er würde seinem Vater sagen müssen, dass der Riese eine Waffe trug. Aber bevor er sich darüber empören konnte, spürte er einen dumpfen Schlag gegen seine Schläfe. Dann wurde alles schwarz.

12. Flitzige Flederfreunde

Vorsichtig tappe ich über den Höhlenboden in die Richtung, in die der Gode verschwunden ist. Ich gehe langsam. Langsamer, als mir lieb ist. Der Boden ist uneben. Spitze Steine, erkaltete Lava. Ich will möglichst kein Geräusch verursachen, für den Fall, dass der Verrückte hier noch irgendwo steckt – er oder seine Motorradgangster. Oder Fledermäuse. Aber davon gibt es auf Island nur eine Handvoll, die illegal auf Containerschiffen eingereist sind. Trotzdem. Man weiß ja nie. Immer wieder leuchte ich die bunten Felswände ab. In allen möglichen Schattierungen werfen sie das Licht zu mir zurück. Zwischendurch glitzern Eiskristalle wie verzauberte Edelsteine.

Ich habe keinen Blick für die Schönheit der einzigartigen Lavastrukturen oder der bizarren Stalaktiten aus Lava, die von der Decke hängen. Ich habe nur Sorge, dass ich dagegenlaufe und mich selbst ausknocke. Und dass mir die Zeit davonrennt. Es kommt mir komisch vor, dass dieser Irre uns keinen Aufpasser dagelassen hat. Er scheint sich seiner Sache sehr sicher zu sein. Blödmann.

Zwischendurch, wenn ich lauschend stehen bleibe und Luft hole, mache ich die Lampe aus, fasse mein selbst im Dunkeln milchig schimmerndes Nordlicht an und zähle bis zehn. Sein sanftes Pulsieren gibt mir Kraft. »Kári. Lieber Gott, bitte mach, dass ihm und den Pferden nichts geschieht.«

Dann leuchte ich wieder den Boden ab. Der Typ hat mir mit seinen Felsspalten mehr Angst gemacht, als ich zugeben würde. Ich brauche Licht, aber das frisst unerbittlich meine Handynutzungszeit. Ausnahmsweise ist mein schrottiger Akku mal nicht das Problem.

Ich muss mir Besonderheiten einprägen, für den Fall, dass sich da vorn irgendwas gabelt. Damit ich zu Freyja zurückfinde. Verräterin oder nicht. Ich mache mir wirklich Sorgen um sie. Wie alles weitergehen soll, werde ich sehen.

Zum x-ten Mal halte ich mein Handy hoch. Noch immer kein einziger Balken. Verdammt nochmal, ich brauche Netz. Es muss doch irgendwo Empfang geben hier unten. Und kalt ist mir, so ganz ohne Jacke. Mein Atem malt graue Wölkchen in die feuchte Luft und meine Taschenlampen-App fratzenhafte Schatten an die Wände. Mit der freien Hand umklammere ich meinen Anhänger.

»Kári. Lieber Kári, wo bist du? Ich brauche dich. Lass mich nicht allein. Aber bleib um Himmels willen weg von hier und pass auf dich auf! Er darf dich nicht kriegen, dich nicht und die Pferde auch nicht, hörst du?« Meine Stimme ist ein einziges, verheultes Gemurmel. »Pass auf dich auf, ja?!« Mein Nordlicht glimmt nur noch ganz schwach. Ich drücke ihm einen Kuss auf und stecke es wieder unter mein Shirt. Will ich einen Stein wärmen? Besser, ich denke nicht darüber nach.

Meine Nase juckt. Ich muss niesen. Hier stinkt es schwefelig. Vorhin hatte ich schon einmal das Gefühl, und jetzt wird der faulige Geruch stärker. Auf einmal flattert etwas über mir davon. Ich zucke zusammen und lasse vor Schreck fast mein Handy fallen.

Alter! Ich denke, es gibt höchstens fünf Fledermäuse in Island? Muss sich eine davon ausgerechnet hier verstecken?

»Ganz schön doller Pups für so ein kleines Tierchen!«, schimpfe ich dem flüchtigen Schatten halblaut hinterher. Moment mal. Ich bleibe stehen und sehe ihr nach. Sie ist blitzschnell. Wo ist sie hingeflattert? Wenn ich Glück habe, Richtung Ausgang! Ich leuchte wild herum und strahle Wände und Decke auf der Suche nach Batmans kleiner Schwester ab. Gleichzeitig wappnen sich die Härchen auf meinen Unterarmen dafür, dass mein Lichtkegel als Nächstes die Fratze von Darth Goliath streifen könnte. Oder wie auch immer dieser Riese im Cape heißen mag. Wo ist meine flitzige Flederfreundin hin? Ich kneife die Augen zusammen. Wird es dahinten hell, oder bilde ich mir das ein?

Ich kniepe und lösche die Taschenlampe. Tatsache! Wenn ich nur zwischen meinen Lidern hindurchblinzele, kann ich da vorn Konturen erkennen, und wärmer wird es auch! Okay, vielleicht ist das auch nur mein rasender Puls, aber egal. Mit neuem Mut stolpere ich weiter. Und mache nach drei Metern eine Vollbremsung.

Vor mir klafft ein Spalt im Boden. Vielleicht einen halben Meter breit. Nicht schlimm. Da kann ich locker rüberspringen, muss ich nicht mal. Ein großer Schritt genügt. Aber gruselig ist das schon. Wenn man dort reinfällt … Ich kicke mit der Fußspitze ein Steinchen über die Kante und lausche. Es ditscht mehrmals am Rand auf und stürzt weiter. Klick … klick … klick. Aber ich höre es nicht auf Grund aufschlagen. Huhhh. Ich schlucke trocken, beleuchte noch einmal sorgfältig den Boden auf der anderen Seite und greife nach meinem Nordlichtanhänger. Er hat wieder stärker zu glimmen begonnen. Sein beständiges Schimmern gibt mir Zuversicht.

Dann atme ich tief durch und mache einen Riesenschritt.

Geschafft.

Das war einfach. Ich drücke meinen Anhänger und lasse ihn zurück unter mein Shirt gleiten. Weiter geht's. Wie lange bin ich schon unterwegs? Mein Handy sagt, ich habe noch fünfzehn Minuten.

Plötzlich rumpelt es. Ich fange an zu schwanken. Nein. Nicht ich schwanke, sondern der Boden. Die Wände. Alles. Oh nein. Ein Erdbeben? Kein guter Ort dafür, in einem Hohlraum unter Felsmassen. Es donnert und kracht, als hätte ein zwanzig Meter großer Bergtroll seine Kettensäge angeschmissen. Das Handy fällt mir aus der Hand. Die Taschenlampe erlischt. Panisch gehe ich auf alle viere und halte mir die Arme über den Kopf. Neben mir kracht etwas auf den Boden. Ich spüre einen Luftzug und mache mich so klein wie möglich, ein kauerndes Päckchen. Wie durch ein Wunder bekomme ich nur ein paar kleinere Kiesel ab. Da ist es schon wieder vorbei.

Ich schwöre, in meinem ganzen Leben werde ich keine einzige Höhle mehr betreten, wenn ich hier erst mal heil raus bin!

Hektisch, mit flachen Händen, taste ich über den scharfkantigen Boden. Meine Finger bleiben an spitzen Steinen hängen und wühlen in Staub. Ich muss husten. Wo ist dieses blöde Smartphone? Die Sekunden vergehen. Zwischen meinen Füßen blinkt etwas. Hallelujah! Ich hab draufgehockt! Erleichtert hebe ich es auf. Die Taschenlampe ist ausgegangen, und die Hülle hat ein paar

Kratzer. Sonst ist nichts passiert. Es lebe dieses verschnörkelte petrolfarbene Book Case, zu dem Amy mich überredet hat. Hundert Jahre scheint das her zu sein. Fußgängerzone Hannover. Ein anderes Leben.

Meine Nerven müssten blank liegen, aber ich bin ganz ruhig. Ich spüre mein Nordlicht auf der Haut. Es trägt mich, es führt mich. Weiter, immer weiter. Bis ich tatsächlich Tageslicht sehe. Ich blinzele in den diesigen Himmel. Bestimmt eine Minute lang glaube ich, ich wäre blind. Alles weiß. Mit Spuren von Aschegrau. Dann begreife ich. Ich stehe in einer Schneewüste. Oder ist das Sand? Ich muss an das Gespräch mit Gunnar in dem geothermischen Restaurant denken. Treibsand am Fuß des Gletschers. Deswegen war der Riese so sicher, dass er uns unbeaufsichtigt hierlassen kann! Im Nirgendwo. Das müssen die Ausläufer eines Gletschers sein. Überall zischt und blubbert es, und es stinkt nach einer Wagenladung fauler Eier.

Da drüben sind Reifenspuren. Ich starre auf mein Handy. Mit zitternden Fingern schalte ich das GPS ein. Wo genau bin ich? Wenn es nicht so absolut uneinladend wäre, würde ich mich setzen. Meine Knie zittern. Alles an mir zittert. Google sagt, ich befinde mich am Fuß der Hekla. Schlappe hundertvierzig Kilometer bis zu Gunnars Hof. Na, Mahlzeit.

Wie viel Zeit habe ich noch? Dreizehn Minuten. Reicht das für den Rückweg?

Ich muss jetzt gut überlegen. Wen rufe ich an? Was sage ich? Mom wird hysterisch. Die ist mir jetzt keine große Hilfe. Raik.

Ich rufe Raik an.

Lieber Telefonjoker, bitte sei zu Hause.

Es wählt. Es klingelt.

»Hallo?« Er klingt verschlafen. Himmel, wie spät ist es denn?

»Elin? Bist du das? Weißt du, wie spät es ist?«

Ich verdrehe die Augen. »Raik, ja. Nein. Bitte. Ich weiß, das hört sich jetzt verrückt an, aber ich bin in Gefahr. Ich bin entführt worden. Bitte leg nicht auf. Oh Gott, ich weiß, wie bescheuert sich das anhören muss, aber … kannst du mir einen Gefallen tun? Hör einfach zu, ja? Und wenn du mir nicht glaubst, dann geh rüber zu Mom und frag sie, wo ich bin. Ich bin nämlich nicht da. Weißt du? Weil ich hier bin. Am Fuß der Hekla. Ich schick dir einen Screenshot mit den Koordinaten. Aber zuerst hör zu. Hörst du mir zu? Bitte.«

Ich rede ohne Unterlass.

»Raik, bitte, stell keine Fragen, ich hab nicht viel Zeit. Das ist kein Scherz. Bitte glaub mir. Packt die Pferde ein, Ljósadís und Ljóri, und bringt sie mit oder fahrt sie irgendwo anders hin. Aber sie müssen da weg. Dieser Irre, der mich entführt hat, ist hinter den Pferden her. Erla weiß das. Frag deine Großtante, wenn du was nicht verstehst. Hast du mich verstanden? Raik, bitte. Hast du mir zugehört? Sag doch was?«

Schlaftrunkenes Rekeln am anderen Ende der Leitung und das Rascheln von Bettwäsche. »Mmmmh.«

»RAIK!«, schreie ich.

Er schreckt hoch, ich höre etwas scheppern. »Autsch … Ja. Ja, ich bin ganz Ohr. Was hast du gesagt?«

»VERDAMMT, RAIK. Geh zu Erla und dann zu Mom. Nimm Theres mit und passt gut auf die Pferde auf! Kommt her. Das ist ein Notfall! Und wir brauchen einen Arzt. Einen Notarzt, okay?! Jemand ist verletzt! Bitte! Ljósadís und Ljóri sind in großer Gefahr. Sie sind nicht sicher auf dem Hof. Der Irre mit der Nidstange will sie töten!«

»Was? Warte mal. Nidstange? Hast du einen Albtraum? Gib mir zwei Minuten, ich komm rüber.«

»Bitte, Raik.« Ich fange an zu heulen. »Das ist todernst. Ich bin nicht im Hotel. Ich bin entführt worden. Ich schicke dir einen Screenshot mit den Koordinaten. Mein Handy ist gleich alle. Holt uns hier raus. Bringt die Pferde in Sicherheit! Und sag Erla, dass sie Kári warnen soll. Kann ich mich auf dich verlassen?«

»Ja. Ja, natürlich ... Geht's dir gut? ... Wer ist Kári? ... Entführt? Oh mein Gott ... die Pferde, ja klar. Ach du heilige –«

Ich unterbreche ihn. »Alles gut. Nur mach schnell. Bitte ... Und sag Mom ... sag ihr, dass ich sie lieb habe!«

»Ja, natürlich ... ich –«

»Danke!« Mit zitternden Fingern lege ich auf und wische mir die Tränen aus dem Gesicht. Ich schlottere wie ein spukendes Gerippe. Es ist schweinekalt hier draußen, und der Wind pfeift mir so eisig durch die Rippen, als wäre weder Kleidung noch Haut drüber.

Ich schicke Raik den Screenshot, warte auf das Gesendet-Signal und renne in die Höhle zurück. Hilfe kommt. Hilfe ist unterwegs, Hilfe kommt. Das wird zu meinem Mantra. Ich flüstere es immer wieder vor mir her, während ich mich in die zunehmende Dunkelheit zurücktaste. Die Taschenlampen-App lasse ich erst mal ausgeschaltet, um Handyzeit zu sparen. Ich muss Freyja hier rausschaffen. Und dann müssen wir hier weg und hoffen, dass Raik und Gunnar früher hier sind als unser Kidnapper.

Da vorn ist schon der Bodenspalt. Von dieser Seite aus sieht er breiter aus, aber immer noch locker zu überwinden. Ich nehme Anlauf und springe ab.

Kári.

Oh bitte, lieber Gott, mach, dass Kári und den Tieren nichts geschieht.

Ich verdrehe mir etwas den Fuß, als ich im Dämmerlicht auf der anderen Seite lande. Es sticht bis in die Wade, aber ich habe keine Zeit für so was.

Sie müssen ihn warnen und Ljósadís und Ljóri da rausholen, bevor der Gode und seine Leute den Hof erreichen!

Humpelnd laufe ich weiter. Nach ein paar Schritten geht es wieder.

Sobald Erla Bescheid weiß, kann sie die Huldú warnen. Sie werden mitbekommen, dass wir die Pferde wegbringen und …

Unter meinen Füßen vibriert es. Oh bitte, nein. Nicht noch mal! Ich ducke mich unter einen Vorsprung und warte zusammengekauert ab, bis das Rumpeln und Beben vorbei ist. War das stärker als vorhin? Wird da noch mehr kommen? Irgendwas in mir will sich weigern, weiter ins Höhleninnere zu laufen. Selbst mein Großstadtmenscheninstinkt sagt: Raus hier, bloß nicht noch weiter rein!

Ein markerschütternder Schrei prallt von den Wänden ab und braust mir um die Ohren.

»Freyja?!«, kreische ich, so laut es meine Stimmbänder hergeben, in die zähe Dunkelheit vor mir. Ich habe keine Wahl. »Ich komme, Freyja! Ich bin gleich da!« Scheiß auf Handyzeit und Instinkte. Ich jage dem Lichtkegel meiner Taschenlampen-App nach und laufe, so schnell ich kann, ohne mir in dem Parcours aus altem und neuem Geröll die Beine oder den Hals zu brechen.

Was hast du getan, Elin?

Freyja sieht mich mit einem Ausdruck hoffnungsloser Verzweiflung an. Ihre Augen glänzen fiebrig. Ihr Mund ist geschwollen, die Lippe aufgeplatzt. Das war mir vorhin gar nicht aufgefallen. Sie umfasst die Knie mit ihren Armen und wiegt sich hin und her.

»Was ist los? Rede doch!«, schnauze ich sie an.

Ich habe es gesehen. Es ist meine Schuld, höre ich sie tonlos weinen. *Ich habe es kaputt gemacht mit meiner Eifersucht. Wie hättest du mir auch vertrauen sollen? Jetzt ist es zu spät. Es war alles umsonst. Die Hekla ist zornig. Sie wird uns alle vernichten.*

Ich habe keine Ahnung, was sie da faselt, aber ich widerspreche heftig. »Das wird sie nicht! Du hast Fieber und schlecht geträumt. Glaub mir, das kenne ich. Aber dafür haben wir jetzt keine Zeit. Außerdem hast du vorhin noch gesagt, dass Träume gar nicht dein Ding sind. Also los, komm jetzt. Nimm meinen Arm.«

Ich zwinge sie, aufzustehen, und hake sie unter. Sie riecht nach Erbrochenem, nach Schweiß und Leder. Ich atme durch den Mund und packe sie fester um die Taille. »Wir müssen raus hier. Los, hilf ein bisschen mit. Wir schaffen das.«

Mit Freyja, die wie ein nasser, heißer Sack an meinem Arm hängt, komme ich nicht mal halb so schnell voran wie vorhin. Das Handy wird lange vorher ausgehen, wenn ich die mir noch verbleibende Zeit überschlage. Und ein paar Minuten sollte ich für Notfälle aufheben, schätze ich. Ich verziehe die Mundwinkel. Als ob das hier nicht schon seit Stunden ein einziger Notfall wäre!

»Ich mach die Lampe jetzt aus, Freyja. Wir haben noch ein paar Streichhölzer. Und wir haben das hier.« Ich angele nach dem Anhänger um meinen Hals. Das Nordlicht schimmert milchig. Viel zu wenig, um einen Weg zu beleuchten, aber es gibt mir immerhin das Gefühl, nicht ganz verloren zu sein. Freyja tastet mit zitternden Fingern danach.

Kári.

Es widerstrebt mir, aber ich lasse sie gewähren. Sie murmelt etwas auf Isländisch, verdreht die Augen, und dann droht sie mir wieder wegzukippen.

»Freyja, mach keinen Scheiß! Das geht jetzt nicht, okay?« Ich versuche, die aufsteigende Panik in mir zu unterdrücken. »Da vorn wird es schon heller. Siehst du das?« Ich packe ihr unters Kinn und drehe ihren Kopf in die Richtung, in der ich den Ausgang vermute.

Sie blinzelt mich verwirrt an. *Was hast du getan, Elin? Ich dachte, du liebst die Pferde?*

Mir wird eiskalt, trotz der unnatürlichen Hitze, die von ihrem Körper ausstrahlt. »Halt einfach die Klappe, Freyja. Vielleicht ist das eh besser. Wir gehen jetzt weiter.«

Wir stolpern einander vor den Füßen herum, aber irgendwie schaffen wir es bis zu diesem blöden Riss im Boden.

Aber was ist das?

Vor mir gähnt ein Abgrund. Aus der Tiefe schimmert es rötlich. Zäh schiebt sich eine träge Masse glühender Steinschmelze voran. Lava. Das ist jetzt wirklich ein Albtraum, oder? Warum zwickt mich denn niemand?

Nervös sehe ich mich um. Habe ich mich vertan? Eine Gabelung übersehen? Gibt es noch einen anderen Weg aus diesem Berg hinaus? Die einzig rationale Erklärung ist, dass die beiden Erdstöße diesen vermaledeiten Riss auf anderthalb Meter verbreitert haben. Gut, dass ich vorhin nicht begriffen habe, worüber ich gesprungen bin. Das Problem ist nur, ich muss da noch mal rüber, und jetzt weiß ich es. Und: Ich habe Freyja.

Panisch sehe ich sie an. Wie soll das gehen?

Anderthalb Meter. Beim Weitsprung in der Schule habe ich locker vier geschafft. Allerdings ohne fünfzig Kilo auf dem Rücken. Was Besseres fällt mir allerdings nicht ein. Ich nehme Freyja huckepack. Meine Jacke knote ich uns mit den Ärmeln wie einen Gurt diagonal über den Rücken. Nur um sicherzugehen, dass sie mir nicht im Sprung hintenüberkippt und uns in die Tiefe reißt.

Anderthalb Meter. Da vorn ist Licht. Da geht's raus. »Es ist nicht weit, Freyja. Bleib einfach nur wach und halt dich irgendwo fest, okay?«

Ihre Stimme ist ein schläfriges Wikingergrunzen. Ihre Arme baumeln lose vor meiner Brust, und ihr Kopf drückt gegen meinen. Ich heule auf, packe sie mit einer Hand, und mit der anderen hole ich aus, so weit das in dieser beschissenen Haltung geht, und versetze ihr eine schallende Ohrfeige. Das war schon längst überfällig, auch wenn ich dabei fast das Gleichgewicht verliere.

Endlich kommt Bewegung in meinen Zombierucksack, und sie klammert ihre Beine um meine Taille. Fehlt nur noch, dass sie »Hüh, Pferdchen!« ruft, saust mir durch den Kopf. Ich und mein Galgenhumor. Ich zünde ein Streichholz an und werfe es voraus.

Flackernd verglüht es im Flug, aber es erreicht die andere Seite. Was so ein Zündhölzchen kann, können wir doch auch, oder? Freyja schweigt. Ich atme tief durch. »Bei drei«, kündige ich an und gehe zwei Schritte zurück, um Anlauf zu nehmen. In meiner Hand halte ich zündbereit das letzte Streichholz.

Vor uns tut sich der Abgrund auf.

Anderthalb Meter, das ist normalerweise ein Klacks.

Ich schließe die Augen und bin zurück in meinem Traum.

In der Tiefe schiebt sich träge der Lavastrom voran.

Wärme und Schwefel steigen zu mir auf.

In meinem Kopf hallt die Stimme der fremden, alten Frau nach. »Es hat angefangen, Elin Weltenwanderin, Weltenwandlerin. Ihr habt eine Aufgabe. Stellt euch der Zukunft. Geh weiter, Elin. Folge deiner Bestimmung, folge den Schicksalsfäden, die die Nornen für euch weben. Kämpfe.«

Ich warte auf den Strudel, der mich mit sich fortreißt. Dass der wässrige Blick beginnt, sich um mich zu weben, zu drehen und zu wirbeln. Aber nichts passiert.

Nur ich bin hier.

Gefangen.

Auf mich gestellt.

Allein.

Meine Schritte sind unnatürlich laut. Genau wie mein Atem.

Weit unten glimmt und schimmert rotgolden die Lava.

Heiß.

Lockend.

Tödlich.

Hier oben herrscht Schwärze.

Ich stehe im Dunkeln.

Fröstelnd.

Ich habe Angst, mich in unsichtbaren Schicksalsfäden zu verheddern.

Alles zu verlieren.

Ich schlucke.

Ich zünde mein letztes Streichholz an, setze damit die leere Schachtel in Brand und werfe sie voraus.

Es gibt kein Zurück.

Ich muss über diesen Abgrund.

Da lauert etwas in der Tiefe. Ein rot glühendes Lachen will nach meiner Seele greifen.

Ich höre ein Pferd wiehern.

Ljósadís!

Mit schweißnassen Fingern fasse ich kurz nach meinem Anhänger.

Mein Nordlicht.

Das geheimnisvolle Licht in seinem Inneren schimmert milchig grün.

Pulsierend. Fordernd. Mahnend.

Der Gode lacht. Arschloch!

»Eins, zwei … drei.« Ich öffne die Augen und drücke mich vom Boden ab. Wir sind in der Luft. Freyjas Gewicht zieht mich erbarmungslos nach unten. Ihre Arme schnüren mir die Luft ab.

Oh Gott, was, wenn wir das nicht schaffen?

Wie lange braucht man, um anderthalb Meter weit zu springen? Und doch läuft alles wie in Zeitlupe ab. Ich fühle die andere Seite mehr vor mir, als dass ich sie sehe. Ich werfe mein Gewicht nach vorn, lande schmerzhaft auf Händen und Knien, aber Freyjas Gewicht zieht mich nach hinten, wir rutschen rückwärts, zurück über die Kante.

»Hilfe!«, brülle ich aus Leibeskräften. Völlig witzlos, niemand kann mich hören.

Meine Beine zappeln, meine Hüfte schrappt schmerzhaft über die Steine. Ich strampele hilflos herum, versuche, mit Fingern und Füßen Halt zu finden, fasse in eine messerscharfe Kante. Rasender Schmerz durchfährt mich. Meine Schläfen pochen.

»Hilfe!«, röchele ich noch einmal. Ich bekomme kaum Luft. Freyja drückt mir die Kehle zu. So kann ich uns nicht halten! Da erwische ich mit den Zehenspitzen einen Felsvorsprung. Im selben Moment packt etwas um meine Achsel, zieht und löst Freyjas Griff um meinen Hals.

Ich halte dich. Ich bin da. »Ich hab dich! Halt dich fest!«

»Kári?!« Mein Herz macht einen erleichterten, ungläubigen Sprung, als ich seine Stimme höre.

»Wer ist Kári?«

»Raik?«

Ich sehe Doppelbilder. Vier Hände, die sich mir entgegenstrecken. Die Konturen der beiden Jungen verschwimmen und überlagern sich. Mir wird schwindelig, und ich schließe die Augen. »Ihr müsst Freyja hochziehen. Den Rest schaff ich schon allein.«

Ich spüre, wie man mich über die Kante zieht. Das Gewicht auf meinem Rücken wird von mir genommen. Ich höre Pferdewiehern. Dann habe ich mir das nicht eingebildet. Ljósadís und Ljóri sind hier. Kári ist hier. Raik ist hier. Keine Ahnung, wie das sein kann. Es ist ihnen nichts geschehen. Alles ist gut.

Der Riese lacht dröhnend. Es klingt höhnisch.

Und da … in diesem einen furchtbaren Moment fällt bei mir der Groschen, und ich begreife, was Freyja meinte. Warum ich hier bin. Worum es in Wirklichkeit die ganze Zeit ging.

»Oh Gott«, wimmere ich, krümme mich unter der Erkenntnis wie unter einem Huftritt in die Magengrube. Mir ist schlecht, ich bekomme keine Luft mehr. Alles dreht sich. Mein Kopf hämmert.

Was hast du getan, Elin? Freyjas Worte hallen in mir nach. Wir vier an einem Ort. Der Schutzschild bricht zusammen. Das ist alles, was der Gode wollte.

Es ist vorbei. Ich habe ihm in die Hände gespielt. Alles ist verloren, und das ist meine Schuld. Nicht Freyjas Eifersucht hat alles zunichtegemacht, *ich* war das. *Ich* war eifersüchtig auf Freyja und so blind. Blind und taub. Jetzt ist es zu spät. Die Hekla ist wütend. Oh ja. Auf mich. Sie wird ausbrechen. Sie holt ja schon Luft. Wir werden alle sterben. Was habe ich getan …? Oh, Kári! Raik! Vergebt mir!

Ich drifte in konturlosem Nebel davon.

Kári spürte die treibende Hand des Riesen in seinem Rücken. Schritt für Schritt stieß er ihn vorwärts. Sie kamen an einem Pferdeanhänger vorbei, der sich im Sand festgefahren hatte. Ein Mann und ein Junge in seinem Alter waren damit beschäftigt, den Trailer frei zu schaufeln. Eine Frau saß im Wagen und telefonierte, eine andere stand draußen auf Höhe der Pferde. Sie sahen ihn nicht. Die Tiere auf der Ladefläche tänzelten nervös hin und her. Sie brachten den Anhänger zum Schwanken. Kári stockte der Atem. Das waren Ljósadís und Ljóri. Er wollte helfen, aber der Riese schubste ihn unerbittlich weiter. Was taten sie hier? Außerhalb des Schutzkreises? Warum hatte Gunnar das getan? Und was machte …? Die gebeugte Gestalt an Gunnars Seite winkte ab, und Kári wandte verwirrt den Blick zu Boden. Der Gode kümmerte sich nicht um die Menschen. Er schritt an ihnen vorbei, als wäre er unsichtbar für sie, und vielleicht war er das auch. »Um die Pferde kümmern wir uns gleich«, erklärte er zufrieden. »Jetzt wollen wir uns erst einmal bei dem Mädchen für ihre wertvolle Hilfe bedanken, meinst du nicht?«

»Elin?! Sie ist hier?« Kári hob seinen Kopf.

Der Gode nickte gleichgültig. »Ich habe dir doch gesagt, dass ich dich zu ihr bringe. Hast mir wohl nicht geglaubt, was?« Er grinste breit.

Dann hörten sie einen durchdringenden Schrei.

»Hilfe!«

»Elin.« Kári rannte in die Höhle hinein.

»Na, sieh mal einer an«, grunzte der Gode. »Der Junge hat ja doch einen zweiten Gang.«

Seine Augen gewöhnten sich schnell an das Zwielicht. Kári sah Elin auf dem Boden liegen, aber es wirkte, als fehlte ihre komplette untere Hälfte. Dafür hatte sie zwei Köpfe. Freyja! Sie hing an Elins Rücken, und beide rutschten rückwärts. Über eine Kante. Dampf stieg auf, und es ging tief hinunter. Kári warf sich auf den Boden, robbte an den frisch klaffenden Abgrund und packte zu. »Ich halte dich. Ich bin da!« Er hörte Schritte neben sich. Dann war auch der Menschenjunge da. »Ich hab dich! Halt dich fest!«, *sagte er.*

»Kári?!« *Sein Herz machte einen erleichterten, ungläubigen Sprung, als sie ihren Kopf hob und ihn ansah. Sie zogen gemeinsam, und ein paar Sekunden später waren beide Mädchen auf sicherem Boden.*

Doch Elins Stimme wurde übertönt vom dunklen Wiehern einer Stute und dem sehr viel helleren eines Fohlens. Von dem zufriedenen Gelächter des Goden und seinem dröhnenden Bass, als er die Prophezeiung rezitierte:

»Jede Generation bringt eine hervor, aber nur eine diese vier.
In eurem Schicksal steht es, mit Blutmacht vergeht es, zwischen Welten zu wandern, Welten zu wandeln.
Besiegelt den Schwur in Heklas Schlund,
Luft, Erde und Wasser im feurigen Grund.
Das doppelte Nordlicht bezeugt euer Handeln.
Vielfarbig verbunden, die Pferde wie ihr.«

Dann ging alles ganz schnell.

»Lass dein Messer fallen, Ragnar, oder du bist nicht länger mein Sohn.« Das war Jorúnns Stimme. Schneidend und kalt, wie der Stahl in der Hand des Goden.

13. Vom Gleichgewicht der Kräfte

»Lass dein Messer fallen, Ragnar, oder du bist nicht länger mein Sohn.«

Jemand zerrt mich irgendwohin. Ich mache schlaff die geforderten Bewegungen mit und bleibe dankbar zwischen warmen Körpern sitzen. Mein Kopf fühlt sich an wie eine Baustelle unter Presslufthammerbeschuss. Wer spricht da? Warum leben wir noch? Oder bin ich schon tot? Ist das wieder diese geheimnisvolle alte Frau aus meinen Träumen? Es klingt aber doch auch irgendwie ähnlich wie ... Und woher kommt das Pferdewiehern?

Mühsam öffne ich die Augen. »Erla?!«

Nein, das kann nicht sein. Sie war doch noch zur Beobachtung im Krankenhaus. Und hat sie nicht mal gesagt, sie hätte keine Kinder? Meine Sinne gehorchen mir nicht. Ich kneife die Augen ein paarmal zusammen und öffne sie wieder. Erlas Gestalt verschwimmt vor meinen Augen und wird zu der anderen. Die wirkt größer als die alte Dame, die ich kenne, aufgerichteter, klarer. Aber sie hat den gleichen silbergrauen Zopf und trägt die gleichen handbestickten Stiefel, die ich schon an Erla bewundert habe.

Sie sieht mich nicht an. Ihr ganzer Körper und ihr ausgestreckter Arm sind auf den Goden ausgerichtet. Ihre andere Hand bedeutet mir strikt, sitzen zu bleiben, wo ich bin, und das tue ich wie angeheftet. Ich habe keine Kraft mehr. Ich bin leer. So lehne ich an einem anderen Körper. Spüre seinen Atem und seine Wärme an meiner Seite. Kári! Es tut mir alles so leid. Tränen der Verzweiflung laufen mir übers Gesicht.

Jorúnn, haucht er. Er scheint ebenso überrascht wie ich, wenn auch aus anderen Gründen. Sein nächster Blick gilt mir.

Mein Herzschlag verdoppelt sich, als er mich kurz anlächelt. Dann wird sein Blick wieder ernst, und er verstärkt den Druck auf meine Finger so, dass ich gar nicht aufstehen könnte, selbst wenn ich wollte.

Ich bin da, Elin. Lupinenmädchen.

Kári!

In meinem Magen breitet sich ein warmes Kribbeln aus. Total unpassend in dieser Situation, die so fürchterlich bedrohlich ist. Aber Kári ist da, bei mir, ganz nah! Es tut so gut, ihn eng an meiner Seite zu fühlen. Sein Arm hält mich um die Schulter, seine Hand drückt meine. Ich drücke zurück, auch wenn Freyja zusammengekauert mit dem Kopf in seinem Schoß ruht. Sie scheint wieder das Bewusstsein verloren zu haben. Um sie hat er den anderen Arm gelegt.

Ich möchte ihm tausend Fragen stellen, ihm mein Herz ausschütten, ihm erzählen von meiner Angst, von dem, was Freyja und ich erlebt haben, ihm sagen, dass ich schon alles verloren glaubte im Dunkel. Doch jetzt, wo er da ist, wird alles gut. Es kann ja nur gut werden. Oder etwa nicht? Ich will es so gern glauben. In dieser Sekunde halte ich mich daran fest, mit allem an Kraft, was ich noch habe.

»Hübsch sitzen bleiben, ihr Turteltäubchen.«

Die Schmetterlinge in meinem Bauch fallen wie tote Fliegen in sich zusammen und bilden einen kalten Klumpen in meinem Magen. Nein, nichts wird gut. Ein Teil von mir will es auf keinen Fall wahrhaben, der andere akzeptiert, dass wir sterben werden. Und dass Kári mit mir hier ist, macht es nicht besser, im Gegenteil. Auch daran bin ich schuld. Daran ganz besonders.

Káris froschköniggrüne Augen schauen jetzt an mir vorbei, verhärten sich. Seine Gesichtszüge, alle Muskeln sind angespannt. Ich versuche krampfhaft, mich zu orientieren, einzuordnen, was ich um mich herum sehe und höre. Mir rauscht immer noch das Blut in den Ohren. Alles andere dringt nur langsam in mein Bewusstsein, als würde jemand ganz allmählich den Ton lauter und die Umgebung schärfer stellen.

Neben mir, auf meiner anderen Seite, hockt Raik.

Raik auch noch. Oh nein! Er stützt meinen Rücken und streichelt abwesend meine Linke, die ziemlich wehtut. Die Handfläche brennt, sie ist komplett aufgeschürft, genau wie meine Knie. In meiner Hose klafft ein langer Riss. Aber das ist gerade das Nebensächlichste überhaupt. Ich könnte schon wieder losheulen, aber ich reiße mich zusammen.

Raik starrt in die gleiche Richtung wie Kári. Ich folge seinem Blick. Mir stockt der Atem, und ich beneide Freyja um ihre Bewusstlosigkeit.

Der verrückte rote Riese hat die Pferde bei sich.

»Das werde ich mit Sicherheit nicht tun!«, grollt sein Furcht einflößender Bass.

Was denn tun? Ach ja, seinen Dolch sollte er fallen lassen, hatte die Stimme gefordert. Dem kann ich mich nur anschließen.

Er hat Ljósadís und Ljóri am Strick und steht mit ihnen gefährlich nah am Abgrund. Das Hengstfohlen findet das gar nicht komisch. Es hat Angst vor dem Fremden in seinem albern wallenden Umhang und vor dem Abgrund mit der heiß wabernden Lava. Ljóri tänzelt herum, sein Hinterhuf tritt Geröll los. Klickend und polternd stürzen die Steinchen in die klaffende Hölle, an deren Rand vorhin noch Freyja und ich gehangen haben.

Ich möchte aufspringen und unserem Entführer die Pferde oder zumindest das Messer aus der Hand reißen, aber ich bin wie gelähmt, und da ist auch noch die hoch aufgerichtete alte Frau, die schützend vor uns steht und uns mit ihrer Hand am Boden hält. Ich mache keinen Mucks.

Die Luft ist elektrisch, wie kurz vor einem Blitzeinschlag. Ein Funke genügt, so fühlt sich das an.

Im Rücken des Riesen, vom Höhleneingang kommend, nähern sich geduckt fremde Gestalten. Ich weiß nicht, ob das Freunde sind oder Feinde. Immerhin verlässt mich langsam das Gefühl, in dämpfende Watte gepackt zu sein. Allmählich scheint mein Gehirn wieder in Echtzeit zu arbeiten.

Bei Jorúnns Anblick entspannt sich Kári etwas, dann senkt er den Blick und stupst mich an, damit ich es ihm nachtue und die Anwesenheit der Männer nicht verrate. Also sind die wohl von den Guten.

Raik flüstert zusammenhangslos »Wer ist das?« in die angespannte Stille. Er kneift die Wimpern zusammen, als bräuchte er eine Brille. »Was geht hier vor?«, fragt er dann lauter, und ich sehe aus dem Augenwinkel, wie er mich verständnislos anstarrt. Er reibt sich über die Augen und beugt sich nach vorn, als wolle er aufstehen. »Eben dachte ich, ich hätte meine Großtante gesehen, aber jetzt … wir müssen helfen, die Pferde –«

Da endlich kommt ein kleines bisschen Leben in mich zurück. Es gelingt mir, ihn zurückzuziehen. Sieht er denn nicht, dass Freyja da liegt? Er hätte sie beinahe getreten. Und unser Freund Goliath sieht auch nicht so aus, als ob er jemanden an sich herankommen lassen möchte.

»Bleib hier!«, zische ich und funkele Raik an. »Der Kerl hat ein Messer, falls dir das entgangen sein sollte.«

Raik mustert mich ganz komisch. Dann folgt er meiner Augenbewegung und erstarrt, als würde er erst jetzt unseren Entführer bemerken. Er gibt einen erstickten Laut von sich. »Wo kommt der denn her?«

Der Kopf des Riesen fliegt zu uns herum. Einen Moment lang starren Raik und er sich wortlos an, dann zeigt Ragnar mit dem Dolch auf Jorúnn. »Was ist das für ein Trick?«, will er von ihr wissen.

»Kein Trick«, sagt die Heilerin leise. »Dein und Alvas Sohn. Wir hielten dich alle für tot, nachdem du in den Bergen verschollen warst. Du ließest uns achtzehn Jahre lang in dem Glauben. Ich nehme an, es kam dir recht für deine Machenschaften. Woher solltest du es also wissen?« Sie öffnet ihre Hand. »Gib mir das Messer, Sohn.«

»Niemals!«, schreit er aufgebracht und bewegt sich noch einen Schritt weiter auf das Loch im Boden zu.

Ich schiele zu Raik und frage mich, wie er mit der Eröffnung umgeht, dass sein Vater am Leben und ziemlich kriminell ist, aber ich glaube, er kämpft immer noch mit seiner Wahrnehmung und kriegt buchstäblich nur die Hälfte von allem mit.

Freyja kommt stöhnend zu sich, während Ragnar weiter mit den panischen Pferden kämpft. Ljóri zerrt die ganze Zeit rückwärts. Er versucht, von dem bedrohlichen Riesen wegzukommen. Ich kann das Weiße in den Augen seiner Mutter sehen. Ljósadís ist kurz vor dem Durchdrehen. Sie steigt an Ragnars Hand.

Unser Entführer bleibt eiskalt und völlig unbeeindruckt, zumindest, was das angeht.

»Dein Sohn ist tot, Jorúnn. Er ist in den Ostfjorden gestorben. Die Huldú haben mich aus dem Gletscher gezogen und mir die andere Hälfte meiner Geschichte erzählt. Du hast mich zu deiner Schwester abgeschoben, als ich klein war. Ich war dir im Weg bei deiner Mission. Ein Wechselbalg mit Huldúvater. Also bin ich bei ihnen geblieben – oder sollte ich sagen: zurückgekehrt zu meinen Wurzeln? So bin ich zu Ragnar dem Goden geworden. Ich habe eine neue Identität angenommen, auch in der Menschenwelt. Jetzt bin ich ein reicher Mann – sehr einflussreich, hüben wie drüben, weißt du? Morgen schon gehört mir das halbe Land. Und genau wie für dich gilt für mich: Ich habe keine Kinder.«

Sie nickt bedächtig und lächelt ihn traurig an. »Ich habe einen großen Fehler gemacht, Ragnar. Und ich werde ihn ewig bereuen. Du bist ein Weltenwanderer wie ich. Aber du bist kein Wandler. Du wirst es auch nie sein. Du hast die Prophezeiung falsch verstanden. Das hast du immer schon. Die Hekla wird wieder einschlafen heute Nacht, und niemandem wird ein Leid geschehen. Du brauchst kein Blut. Nicht von den Kindern. Nicht von den Pferden. Es geht um Liebe, nicht um Hass und auch nicht um Macht.« Sie zeigt plötzlich auf uns. »Diese vier haben das verstanden. Jetzt gib mir deinen Dolch.« Sie macht einen Schritt auf ihn zu.

Da geschieht plötzlich alles gleichzeitig. Ragnar will sich auf Jorúnn stürzen. Aber Ljósadís reißt sich los und trifft ihn mit dem Huf. Ohne das Gegengewicht an seinem Strick verliert Ljóri den Halt unter den Hinterbeinen und tritt ins Leere. Ich hechte nach vorn, damit das Fohlen nicht abstürzt.

Kári ist sofort an meiner Seite. Wir sind so beschäftigt damit, den Kleinen an Halfter, Strick, Mähne und allem, was wir greifen können, aus der Gefahrenzone zu ziehen, dass ich das zweite Drama erst bemerke, als Raik verzweifelt aufheult.

»Erla!«

Ich sehe sie schwanken, taumeln. Ob es nun wirklich Erla ist oder viel eher die geheimnisvolle Jorúnn, kann ich nicht sagen. Die alte Dame stürzt, gefällt wie ein Baum. Mit dem Rücken zu uns, die Arme weit ausgebreitet, als wolle sie jemanden oder etwas schützen, fällt sie. Ihr silbriger Zopf tanzt scheinbar schwerelos um ihren Kopf. Doch sie kommt nicht auf den spitzen Felsen an, berührt den Boden nicht. Es wirkt, als ob die Luft sie trägt und halten will. Genau wie Raik, der hochgesprungen ist, um den drohenden Aufschlag zwischen die Felsen abzufangen.

Ich drehe den Kopf hinüber zu Ragnar. Dessen Gesicht ist hassverzerrt. Er hat sie brutal geschlagen, umgestoßen, den Arm an ihr vorbei zum Wurf erhoben. Sein Mund ist weit aufgerissen, in einem Wutschrei eingefroren. Aber wo ist das Messer hin?

Wirklich alles läuft wie in Zeitlupe ab, wird immer langsamer, bis jede Bewegung beinahe zum Stillstand kommt.

Alles, außer mir – und Freyja.

Schnell, Elin! Rette dich und Kári!

Ich fahre herum.

Freyja ist aufgestanden. Sie steht wankend hinter mir, einen Stab in der Hand, der Himmel weiß, woher schon wieder.

Aus irgendeinem Grund sind sie und ich die Einzigen, die sich in diesem endlos gedehnten Augenblick nicht ebenfalls unendlich langsam bewegen.

Ich beuge die Zeit. So, wie ich es getan habe, um Jorúnn zu warnen und dem Rat zu berichten, was der Gode vorhat. Deswegen waren alle, die den Hof verlassen haben, so schnell hier. Alle.

Sie lacht bitter.

Das hat der Gode nicht bedacht.

Ihre Augen ziehen sich schmerzvoll zusammen.

Aber ich kann es diesmal nicht lange halten. Er ist sehr stark. Beeil dich, Elin!

Da erst sehe ich die Waffe. Sie schwebt noch immer in der Luft, und sie bewegt sich um die eigene Achse drehend auf uns und die Pferde zu. Ich kämpfe gegen einen hysterischen Lachanfall an. Das ist so albern! Wie in einem dieser Science-Fiction-Matrixfilme. Aber ich bin nicht Keanu Reeves. Ich zittere wie Espenlaub. Mir steht kalter, klebriger Schweiß auf der Stirn.

Soll ich das Messer einfach greifen? Eine innere Stimme sagt mir, dass das nicht geht. Aber ich könnte ihm einen Stoß geben, es umlenken, seine Flugbahn ändern. Das tue ich. Weg von Kári, weg von Ljósadís und Ljóri.

Die drei sind in Sicherheit.

Elin, jetzt! Schnell!

Ich werfe mich unter Raik, strecke ihm und Erla die Hände entgegen, damit sie gepolstert auf diesem Geröll aus erkalteter Lava und Felsen landen.

Da stürzen sie auch schon auf mich herab. Der Schmerz und das Gewicht der beiden pressen mir die Luft aus den Lungen. Der magische Moment ist vorbei.

Raik schaufelt sich als Erster aus dem Haufen unserer Gliedmaßen hervor. Er zieht seine Jacke aus und bettet sie unter Erla, die ihm beruhigend die Hand tätschelt.

»Elin! Oh Gott. Geht es dir gut?«

»Ging schon mal besser«, stöhne ich und greife dankbar nach seiner Hand. Wo ist eigentlich *meine* Jacke abgeblieben?

Im Hintergrund hat unser Besuchertrupp Ragnar überwältigt. Sie schaffen gerade den tobenden Kerl aus der Höhle und müssten eigentlich geradewegs in Mom und Gunnar laufen, die nach Erla, Raik und mir rufend in unsere Richtung unterwegs sind.

»Elin! Dem Himmel sei Dank! Wo steckst du? Raik! Wie geht es euch? Was ist mit Erla? Wo ist deine Jacke?« Mom sieht mich völlig aufgelöst an. »Was sollte das Gerede von wegen Entführung? Was ist passiert? Wie kommst du hierher? Wofür einen Krankenwagen?«

»Lange Geschichte. Mir geht's gut«, behaupte ich schwach. »Aber –«

»Das sieht man ja!«, unterbricht mich meine Mutter, scannt meinen Kopf und meine Hose und dreht meine Handfläche ins Licht.

Gunnar kniet neben Raik und Erla. Die alte Dame scheint nicht schwer verletzt zu sein. Erleichtert atme ich aus.

Aber wohin sind Kári und Freyja in dem ganzen Tumult verschwunden?

Elin. Wir sind hier!

Ihr Anblick alarmiert mich zutiefst. »Lass mich bitte, Mom.«

Ich reiße mich los und krieche auf allen vieren zu den beiden hinüber. Freyja liegt schwer atmend halb an einen Felsen gelehnt. Sie sieht nicht gut aus. Ihr Atem geht stoßweise und flach. Sie scheint enorme Schmerzen zu haben.

Ljósadís steht mit gesenktem Kopf dabei. Sogar Ljóri merkt, dass etwas nicht stimmt, und knabbert nur verhalten an Freyjas Stiefelriemen herum. Kári hält sie ganz fest. Es versetzt mir einen leisen Stich. Vielleicht ist da doch mehr zwischen ihnen als reine Freundschaft? Freyja hat mir gestanden, dass sie eifersüchtig ist. Ich bin nur eine Fremde. Sie passt bestimmt auch viel besser zu Kári und … Das ist jetzt alles total nebensächlich. Reiß dich zusammen, Elin! Ich rutsche näher.

Freyja greift nach meiner Hand. Sie fühlt sich feucht und kalt an und total kraftlos. Ihr Atem geht rasselnd, ihre Fingerspitzen sind bläulich verfärbt. »Sauerstoffmangel«, habe ich Amys Stimme vom Erste-Hilfe-Kurs im Kopf.

»Erla!«, kreische ich panisch und drehe mich zu den anderen um. Mein Blick fliegt zu ihr. »Erla, bitte komm schnell!«

Jorúnn. Freyjas Stimme ist nicht mehr als ein Hauch. Ihr Gesicht flackert kurz dankbar auf, als die alte Dame sich über sie kniet. Ich korrigiere sie nicht, und dann sehe ich staunend, wie Erla sich vor meinen Augen in die seltsame Kräuterfrau aus Káris und Freyjas Welt verwandelt. Lächelnd begegnet sie meinem erstaunten Blick. »Ich dachte, du hättest es längst erraten«, wispert Jorúnn verschmitzt, während sie etwas aus ihrer Rocktasche fischt, das wie ein Lederbeutel mit einer getrockneten Hasenpfote aussieht.

Was können wir tun, Großmutter? Káris Stimme ist tränenerstickt.

Es ist alles gut, so, wie es ist. Freyja lallt ein wenig. *Die Weltenwandlerin und du, ihr werdet leben. Es wird weitergehen.*

»Das wird es in der Tat«, verspricht Jorúnn und lächelt milde. »Aber die Weltenwandlerin, das bist du, Freyja! Und du wirst auch leben. Bist du bereit, Elin?«

Ich sehe sie völlig verdattert an. Bahnhof?

»Jede Generation bringt eine hervor, aber nur eine diese vier. Du musst eine Entscheidung treffen, Elin aus Hannover, so, wie ich es einst getan habe, lange vor dir. Sie wird dein ganzes Leben beeinflussen. Welcher Welt fühlst du dich mehr verbunden?« Elin aus Hannover – sie sagt es im selben Tonfall wie damals, als wir in Reykjavík auf der Parkbank gesessen haben und sie mich gefragt hat, ob ich weiß, was mein Name bedeutet. Die schöne Helena, wegen der ein Krieg ausbrach in der Antike. Vielleicht haben wir gerade einen verhindert … Vielleicht liegen auch nur meine Nerven blank. Freyja hat blaue Lippen. Ihre Lunge muss verletzt sein. Was hat meine Entscheidung mit ihrem Leben zu tun?

»Mit wem redet sie da?« Das ist Raiks Stimme. Ich schaue zurück. Zu ihm. Zu Mom und Gunnar. Sie blicken in meine Richtung. Aber ich weiß, dass sie nicht sehen, was ich sehe, auch wenn Mom verzweifelt die Augen zusammenkneift.

Für sie knie ich einfach zwischen Steinen auf dem Boden, neben einer alten Frau und anderthalb Pferden.

Raik will zu mir kommen, aber ich schüttle energisch den Kopf. Mom hält ihn am Handgelenk fest, und Gunnar legt ihm den Arm auf die Schulter. Meine Augen füllen sich mit Tränen. Es darf keine Rolle spielen, wie das mit mir und Kári weitergeht oder mit Raik. Aber …

Ich wende mich wieder zu Jorúnn, die für meine Familie wie Erla aussehen muss.

»Wie soll ich eine Wahl treffen zwischen diesen beiden Welten? Es gibt in beiden so viel Schönes. Kann ich nicht wandern wie du?«

»Ich hatte gehofft, dass du das sagen wirst, Elin. Gib mir deine Hand, Weltenwanderin, damit ich dir meine Kraft übertragen kann.«

Ich verstehe nicht die Bohne, aber ich tue, was sie von mir verlangt. Ihre Hand ist warm und trocken, ich spüre die Runzeln in ihrem kräftigen Druck. Ihr wässriger Blick beginnt, sich um mich zu weben, zu drehen und zu wirbeln.

Ungeordnete Bilder ziehen vorbei, Kräuterwissen, Runen, Töpfe und Tiegel, Gesänge aus uralter Zeit und die Sprache der Nornen. Ich höre zwei Raben krächzen und einen Wolf heulen. Weise Augen sehen mich an, berühren mein Haar, ertasten mein Gesicht. Alles wird hell um mich, ich werde getragen. Da ist nur Licht, aber es blendet mich nicht.

Dann ist die Vision vorbei. Meine Hand brennt.

»Aua!« Als ich wieder zu mir komme, sind die Huldú verschwunden und mit ihnen Jorúnn und Ragnar. Wir sitzen vor der Höhle in der sandigen Eiswüste, die ich in meinen Träumen für einen Strand gehalten hatte. Ich blinzele. Ein Sanitäter besprüht die geklammerte Wunde in meiner Handfläche mit Desinfektionsmittel. Zwei andere Ersthelfer haben Erla auf eine Trage gehoben, ihr eine Infusion gelegt und hieven sie gerade vorsichtig in den Wagen. Eine Ambulanz mit Allrad und überdimensionalen Treckerreifen. Sieht irgendwie cool aus.

Gunnar kümmert sich um die Pferde. Raik sitzt bei mir und tätschelt mit großen Augen meine Hand, verzweifelt bemüht, nicht allzu genau hinzusehen, was gerade mit der anderen gemacht wird.

»Aua, das ist zu hell«, meckere ich, als mir jemand mit einer Taschenlampe in die Pupillen strahlt.

Mom lacht.

»Können wir jetzt bitte nach Hause fahren?«, frage ich erschöpft.

»Und das wäre bitte wo?« Belustigt sieht sie mich an. Aber ihre Stirn ist voller Sorgenfalten.

»Hveragerði natürlich«, erwidere ich. »Kann es werden, schätze ich zumindest.« Ich bemerke Raiks hoffnungsvollen Blick. »Einen Isländischlehrer habe ich jedenfalls schon gefunden. Bleibt ja in der Familie.« Ich zwinkere ihm zu, und er seufzt theatralisch. »Schon verstanden.«

Epilog

Drei Tage später sitzen wir auf der kleinen Parkbank vor Káris Elternhaus und trinken Tee aus wunderschönen Keramikbechern. Auf meinem Schoß hat sich eine einäugige Katze zusammengerollt und schnurrt.

Mein Name in dieser Dimension lautet künftig Jondís. Jón bedeutet »die von Gott Begnadete«, und -dís bezeichnet isländische Feenwesen sowie die Göttin der Fruchtbarkeit, des Todes und der Wiedergeburt.

Daran muss ich mich erst noch gewöhnen. Aber Kári ist ja bei mir und hilft mir dabei, mich des Vertrauens, das Jorúnn in mich gesetzt hat, würdig zu erweisen.

Freyja ist auf dem Weg der Besserung. Mit Jorúnns Hilfe konnte ich die Blutung in ihrer Lunge stoppen. Ich habe gespürt, wie ihre Kraft und all ihr Wissen auf mich übergingen. Es war ein Wunder, aber wer bin ich, das infrage zu stellen.

Freyja wird in wenigen Jahren die Gydja, die Rechtsvorsteherin, in ihrem Thing werden. Und sie wird es gut machen.

Das habe ich in den Runen gelesen, und die Runen irren sich nie. Jorúnn hat sie mir hinterlassen, genau wie alles andere in ihrer Höhle in den Bergen. Sie ist auf die Menschenseite zurückgewechselt und wieder vollständig zu Erla geworden. Das war der Preis, denn nur gemeinsam konnten wir Freyjas Leben retten.

Erla sieht nun die Verborgenen nicht länger, aber das ist nicht schlimm. Sie spürt ihre Präsenz, und ich werde oft mit ihr gehen und ihr Gesellschaft leisten bei den geführten Elfenwanderungen, drüben, wenn es die neue Schule erlaubt.

Ragnar hat es nicht so gut getroffen.

Der Ältestenrat hat ihn ausgestoßen und in die Verbannung geschickt. Káris Vater Einarr sagt, sie hätten ihn in einen Felsen gesperrt. Ich weiß nicht, ob er mich damit aufziehen wollte.

Am nächsten Tag hat die Polizei Gunnar informiert, dass man die sterblichen Überreste eines verunglückten Gletscherwanderers gefunden hat, drüben in den Ostfjorden, wo Raiks Vater vor achtzehn Jahren verschollen ist. Die DNA-Tests laufen noch, dann werden wir wissen, ob es Ragnar ist, Raiks Vater, Gunnars Bruder – der also eigentlich sein Cousin ist. Raik tut mir leid, aber er hat seinen Vater schon vor vielen Jahren betrauert. Er sagt, es sei okay. Vielleicht auch besser so. Dafür hat er Erla jetzt als Oma. Und ich glaube, zwischen ihm und Theres geht was. Hob i mia ja eh denkt. Grinsend rühre ich meinen Tee um.

Außer Mom hat niemand versucht, mich über die Ereignisse in der Höhle auszuquetschen. Sie haben es einfach so hingenommen, als Erla verkündet hat, die Elfen hätten ihre Hand im Spiel gehabt. Die Huldú hätten meine Hilfe gebraucht, um die Hekla zu beruhigen, und damit wäre es gut. Selbst die Polizei ist kommentarlos wieder abgezogen. Auch das ist Island. Es ist ja auch letztlich niemand zu Schaden gekommen, und die seismologischen Untersuchungen haben Erlas Aussage in gewisser Weise bestätigt: Die Hekla schläft wieder.

»Es ist Zeit.« Kári sieht mich liebevoll an. »Wollen wir sie abholen?«

Ich nicke. »Ja, lass uns reiten.«

Mánadís und Ljósadís grasen einträchtig auf der Wiese neben dem Stall. Meine Nordlichterfee hört auf zu fressen und brummelt leise, als sie mich sieht. Ich ziehe meinen Anhänger über den Kopf und flechte ihn zusammen mit einer Lupinenblüte in ihre Mähne. Heute soll auch sie geschmückt sein. Dann führe ich sie neben einen kleinen Felsen und ziehe mich auf ihren blanken Rücken. Das klappt leider immer noch nicht eleganter, auch nicht hier drüben. Zaumzeug allerdings brauchen wir keins mehr. Ich greife mir ein Büschel ihrer üppigen Haare und lenke sie neben Kári und seine Schimmelstute.

Steinúnn und Einarr veranstalten heute Abend ein großes Fest zu unseren Ehren. Mom und Gunnar, Erla, Raik und Theres sind auch eingeladen. Sie werden es für einen Traum halten. Aber Kári und ich – wir wissen es besser. Es ist nicht nur die Magie der Pferde – diese ganze Insel ist ein magischer Ort.

Wir beugen uns zueinander und küssen uns.

Lange.

Kári duftet nach Pferden, nach Leder und Kräutern und ein bisschen nach Schaf – also quasi nach Island und allem, was ich daran liebe – und nach einer gemeinsamen Zukunft für uns alle.

Er hält meine Hand, ganz fest. Und so tölten wir los. Donnernde Hufe über eine weite Ebene. Die ganze Herde begleitet uns.

Ich schätze, ich bin angekommen.

Ich, Elin-Jondís Jorúnnsdottír, Tochter von Mom und Weltenwanderin.

Dank

Es gibt ein paar Menschen, ohne die wäre diese Nordlicht-Trilogie nicht so geworden, wie sie ist. Dazu gehören vor allen anderen: Carlotta, Melanie, Alice, Meike und Ruth. Danke, dass ihr mich inspiriert, gefordert und gepusht habt. Danke, Claudia, Elisabeth und Natascha, für die Hilfestellung mit den österreichischen Dialekten. Tammy, Phil, Dávid, Adam, Lidia, Joe und weitere Workawayer, die zu Freunden und Familie wurden: Danke, dass ihr mir in den vergangenen drei Jahren den Rücken fürs Schreiben und die Recherche frei gehalten habt. Magnús Skarphéðinsson in Reykjavík und dem Team von Eldhestar in Hveragerði: Vielen Dank, dass ich vor Ort sein und so viele Fragen stellten durfte. Danke für mein Elfendiplom und die wundervollen Ausritte.

Danke, Einstök, für die Erfindung dieses wundervollen Wikingerbiers mit dem Aroma von Koriander und Orange, mit dem ich jetzt auf Elin und Kári und ihr Glück anstoße!

Danke, all ihr Pferde!

Und kann man sich eigentlich bei einem ganzen Land bedanken? Ich tu es einfach: Island, du hast mich schon beim allerersten Landeanflug verzaubert und berührt – mit allem, was in und auf dir und um dich herum lebt und atmet und auf andere Weise präsent ist. Danke – und in aller Bescheidenheit und mit tiefem Respekt: Hu!

Leseprobe aus

Friends & Horses

Schritt, Trab, Kuss

Wie hat sie es bloß so schnell vom Grund des Grand Canyon hierher geschafft? Immerhin bin ich geistesgegenwärtig genug, das nicht laut zu fragen, und murmle stattdessen ein halbherziges „Hallo". Ollie kommt gerade aus der Sattelkammer, sie trägt einen dieser genialen mexikanischen Sättel mit hohem Knauf und geflochtenen Verzierungen, darunter liegt eine bunte gewebte Satteldecke. Die Steigbügel sind auch aus Leder. Es ist der coolste Sattel, den ich je gesehen habe. Ihre Chispa sieht damit bestimmt aus wie ein aztekisches Königspferd.

„Du muss aber wirklich nicht auf mich warten", sage ich, während sie ihren Sattel zielsicher über den Sattelhalter legt, den ich sonst immer benutze. „Ich brauche noch länger!"

„Oh, ich habe nichts weiter vor", meint sie gut gelaunt.

„Aber ich mache Dehnungsübungen mit Sokrates! Und ich muss seine Zähne mit so einer Paste behandeln ..."

„Kein Problem, wirklich! Deine Gesellschaft ist mir ein bisschen Wartezeit wert!"

Die muss man wohl mit dem Zaunpfahl erschlagen, winken reicht nicht!

„Außer natürlich, du möchtest lieber allein ausreiten?“ Sie sieht mich fragend an.

„Nein, nein …“, quetsche ich heraus. *Allein* will ich nicht ausreiten, nur ohne dich!!!

„Wie schön!“ Sie sieht mich treuherzig mit ihren großen nougatbraunen Augen an. „Ich kenne mich ja hier noch überhaupt nicht aus, und ich habe auch einen schrecklich schlechten Orientierungssinn! Also, wenn ich allein losreite, finde ich vermutlich nie wieder nach Hause!“

Ah! Meine Motivation erhöht sich gerade! Ich denke an Hänsel und Gretel und eine komplizierte Waldrunde, und ein Lächeln stiehlt sich auf meine Lippen.

„Du bist noch hübscher, wenn du lächelst!“, sagt Ollie prompt, und ich muss mich beherrschen, nicht die Geduld zu verlieren. Kann sie nicht endlich aufhören, so unnatürlich NETT zu sein?

Doch sie begleitet mich in die Sattelkammer, trägt meine Putzbox für mich, bevor ich sie daran hindern kann, hebt das Zaumzeug auf, das mir versehentlich runterfällt, und die ganze Zeit über plaudert sie und ist freundlich und strahlt unwiderstehlich vor sich hin. Da geht sie jetzt in ihren lässigen Cowboyboots, den knallengen, hüftigen Jeans und ihrem roten Spaghettitop auf die Koppel zu, die langen dunkelgoldblonden Naturlocken wehen im leichten Sommerwind. Ihr Teint hat diesen natürlichen bronzefarbenen Schimmer mancher südländischer Blondinen, und ihr versonnenes Lächeln ist auf Chispa gerichtet, die seit gestern auf der großen Koppel mit den anderen steht. Sie sieht aus wie das Model auf einem besonders kitschigen Wendy-Cover. Nur, dass sie eben echt ist.

Nein, nein, Moment, das Cover ist erst jetzt perfekt, wo sie der traumhaft schönen Criollo-Stute das bestickte Halfter überstreift und die samtigen Nüstern liebkost. Oh Mann! Ich bin mitten in einem Pferde-Fotoroman gelandet! Und zu allem Überfluss gibt sich Sokrates auch noch als Statist her! Er weicht nicht von Chispas Seite und lässt sich von Ollie begrüßen, als würde er sie schon ewig kennen!

Darf ich bitte endlich aus diesem zuckersüßen liebesperlenbunten Alptraum aufwachen?

„Siehst du, unsere Pferde mögen einander auch!", sagt das Covergirl.

AUCH!!!

„Trifft sich doch gut, oder?"

„Ja, ganz toll." Meine Stimme trieft vor Sarkasmus, aber dagegen scheint Ollie immun zu sein. Ich mache noch einen Versuch. „Solltest du nicht erst mal im Viereck reiten, bevor du mit ihr ins Gelände gehst? So zum Eingewöhnen?"

„Oh ja, absolut!", stimmt Ollie sofort zu und nickt enthusiastisch. „Aber das hab ich gestern Abend gemacht, Iris hat mir alles gezeigt. Und Chispa war so ruhig und entspannt, dass ich mir gedacht habe, heute kann ich schon mit ihr rausgehen. Ich bin ja so stolz auf sie! Das Klima ist ganz anders als in Mexiko, und trotzdem hat sie sich so schnell ..."

Aber ich habe ihr Geplapper schon längst ausgeblendet. *Iris* hat ihr alles gezeigt? Dann wusste Iris wohl auch aus erster Hand, wer die Hazienda gekauft hat. Und hat kein Wort gesagt! Wie konnte sie nur! Das ist … das ist … Hochverrat! Wenn sie nicht so bald hier wegziehen würde, wäre ich wochenlang sauer auf sie!

„… die erste Freundin, die ich hier habe, und dann zieht sie gleich wieder weg …", dringt Ollies Geplapper langsam wieder zu mir durch.

Sie ist nicht deine FREUNDIN! Du hast sie gerade erst kennengelernt, verdammt! Sie ist *meine* Freundin, auch wenn sie sich gerade nicht so benimmt!

„Aber wir werden bestimmt auch Freundinnen, nicht wahr? Du und ich? Und Daisy natürlich. Ich hatte gleich so ein gutes Gefühl, als ich euch hier gesehen habe. Erst wollte ich ja nicht weg aus Mexiko, aber jetzt, wo ich euch kenne und wo Chispa sich hier so wohlfühlt und auch schon einen Freund hat … und unser Haus wird sicher auch toll, ihr müsst unbedingt kommen, wenn es fertig ist!"

UNSER Haus!!!

„Aber einstweilen ist es auch hier im Hotel sehr nett, die Suiten sind zwar klein, aber gemütlich, vielleicht wollt ihr mich mal besuchen kommen?"

KLEIN? Diese Suiten sind die luxuriösesten Hotelzimmer, die ich je gesehen habe! Jede besteht aus Wohnzimmer, Schlafzimmer, Badezimmer mit Whirlpool und einer Extra-Fernsehkuschelecke unter dem Dach, zu der eine Wendeltreppe hinaufführt! Meine

Freundinnen und ich fanden es toll, bei der Eröffnung nur mal einen Nachmittag auf der Terrasse sitzen zu dürfen und so zu tun, als könnten wir uns diesen Luxus leisten!

Während unserer etwas einseitigen Plauderei haben wir unsere Pferde geholt, geputzt, gesattelt und gezäumt. Nun hält Ollie endlich mal die Luft an – oder vielmehr tut sie das Gegenteil: Sie holt tief Luft, steckt zwei Finger in den Mund und pfeift so durchdringend, dass ich unwillkürlich zusammenzuckte und das Gesicht verziehe.

Sekunden später kommt mit fliegenden Ohren der Chihuahua aus dem Nichts angesaust, genau auf Ollie zu, die die Finger vor ihren Hüften ineinander verflochten hat. Der Hund springt, ohne abzubremsen, in diesen „Steigbügel" und von da weiter auf Chispa! Die wendet nur kurz den Kopf nach hinten und scheint rein gar nichts dagegen zu haben, dass der Kleine es sich hinter dem Sattel gemütlich macht!

Ich merke, dass mein Mund offen steht, und klappe ihn zu, während Ollie so aufsitzt, als wäre es ganz normal, dabei das Bein über einen zusammengerollten Chihuahua zu schwingen. Kaum sitzt sie oben, wechselt der Hund die Position und macht es sich hinter dem Sattelknauf gemütlich. Er bewegt sich auf dem Pferd, als wären die beiden eine Zirkusnummer!

„Du … du nimmst … das … den Hund mit zum Ausreiten?", frage ich schließlich, als meine Verblüffung sich so weit gelegt hat, dass ich selbst daran denke, aufzusitzen.

„Oh ja", meint Ollie. „McCartney ist immer mit dabei. Er und Chispa sind Kumpels."

„Der Chihuahua heißt McCartney?" Ich bin so anhaltend verblüfft, dass ich vergesse, distanziert zu sein.

Sie lacht. „Ja. Meine Mutter fand, er hätte denselben Gesichtsausdruck wie Paul McCartney von den Beatles."

„Ist deine Mutter auch schon hier? Ich hab nur deinen Vater gesehen." Die Frage kommt automatisch, obwohl ich eigentlich gar nicht plaudern will.

„Meine Mutter ist vor vier Jahren gestorben. Autounfall."

Ich wollte, ich hätte nicht gefragt. Was kann man auf so etwas sagen?

„Ich habe meinen Vater nie kennengelernt." Es rutscht einfach so raus, ich weiß nicht, warum. Ollie meine Lebensgeschichte zu erzählen, ist sicher das Letzte, was ich will.

Ich treibe Sokrates ein wenig an. Ollie kommt mit Chispa neben mich, und wir verlassen das Hofgelände in Richtung Wald.